Johanna Uhrmann | Erwin Uhrmann

111 Orte in der Wachau, die man gesehen haben muss

111

emons:

Bibliografische Information der Deutschen Nationalbibliothek
Die Deutsche Nationalbibliothek verzeichnet diese Publikation in der Deutschen Nationalbibliografie; detaillierte bibliografische Daten sind im Internet über http://dnb.d-nb.de abrufbar.

MIX
Papier | Fördert gute Waldnutzung
FSC® C083411
FSC www.fsc.org

Layout: Eva Kraskes, nach einem Konzept
von Lübbeke | Naumann | Thoben
Kartografie: altancicek.design, www.altancicek.de
Kartenbasisinformationen aus Openstreetmap,

Druck und Bindung: CPI – Clausen & Bosse, Leck
Printed in Germany 2024
Erstausgabe 2019
ISBN 978-3-7408-2368-9
Aktualisierte Neuauflage August 2024

Vorwort

In der späten Nachmittagssonne mit Freunden bei einem Glas Wein auf die Donau schauen. Sich den Geschmack einer sonnenwarmen Marille am Gaumen zergehen lassen. Zwischen den Weinterrassen wandern und Smaragdeidechsen beobachten. In einer alten Kirche sitzen und in die Welt von gestern eintauchen. Über 100.000 alte Bücher in einer Stiftsbibliothek bestaunen. Es gibt Momente, die sind kaum zu überbieten, und die Wahrscheinlichkeit, einen solchen in der Wachau zu erleben, ist sehr hoch.

Die Wachau wird als Königin aller Donaulandschaften bezeichnet – und das zu Recht. Sie ist begünstigt von der Natur, geformt vom Menschen und geprägt von einer bewegten Geschichte. Immer schon hat sie Persönlichkeiten angezogen. Ob es die steinzeitlichen Künstler waren, welche die Venus von Willendorf erschaffen haben, Frau Ava, die erste Dichterin des deutschsprachigen Raums, die Mönche unzähliger Klöster oder Scharen von Malern im 19. Jahrhundert – die Liste ließe sich endlos fortsetzen. Alle haben sie etwas hinterlassen: Wein, Mandeln, Marillen, Bauwerke und Kunstgegenstände.

Das historische Panorama, das sich zwischen Melk und Krems eröffnet, ist überwältigend. Die Wachau war Außengrenze des Römischen Reiches, Durchzugsroute der Kreuzfahrer, Ort von Schlachten und Konflikten, Handelsweg und vieles mehr. Im 20. Jahrhundert erlebte sie mit der Nazizeit das dunkelste und grausamste Kapitel. In den Nachkriegsjahren folgten ihre Sternstunden, als sie Österreichs Hollywood und damit endgültig zum Sehnsuchtsort wurde.

Die Bewohnerinnen und Bewohner der Wachau sind offenherzig und großzügig. Ihnen ist es zu verdanken, dass dieses Buch entstehen konnte. Sie haben ihre Geschichten geteilt und ihre Türen weit geöffnet. Wer sich 111 Mal oder öfter auf die Wachau einlässt, wird Gastfreundschaft, Herzlichkeit und viele unvergessliche Momente erleben.

Johanna und Erwin Uhrmann

111 Orte

1 Die Hammerschmiede

Nur nicht unter den Hammer kommen!

Dass jeder seines Glückes Schmied ist, ist hinlänglich bekannt. Ebenso, dass, wer zu oft eine ruhige Kugel schiebt, einen Zahn zulegen und eisernen Willen zeigen muss, um wieder Oberwasser zu haben und nicht zum alten Eisen zu gehören. Alle diese Redewendungen kommen aus dem Schmiedehandwerk. Ein Blick in die Hammerschmiede – und die Erklärungen dazu kommen wie von selbst.

Über den zwei Essen, wie die offenen Feuerstellen genannt werden, hängen Schmiedezangen. Daneben stehen Ambosse und Schraubstöcke. Mit Hilfe des gigantischen Blasebalgs konnte der Schmied die glühenden Kohlen auf mehr als 1.000 Grad erhitzen, um sein Werkstück danach heiß zu bearbeiten. Herzstück der Schmiede ist der große Hammer, der imposant in der Mitte ruht. Über einen dicken Eichenstamm, den sogenannten Grindelbaum, ist er mit dem Wasserrad verbunden, das ihn antreibt. Derartige Bäume waren nicht leicht zu bekommen und mussten, hatte sich ein alter verschlissen, vom Schmied vorausschauend organisiert werden. Der Blasebalg und die großen Schleifräder werden von zwei weiteren Wasserrädern angetrieben. Das Wasser kommt von einem gestauten Teich und fließt durch den Graben neben dem Gebäude.

Links und rechts liegen über dem Hammer zwei schwere Eisenkugeln in Ausbuchtungen. Waren sie nicht von der ständigen Vibration des Hammers glatt geschliffen, so hatte der Schmied die üble Nachrede, »eine ruhige Kugel zu schieben«. In der Hammerschmiede Aggsbach war bis 1956 das Gegenteil der Fall. Mit dem Tod des letzten Schmiedemeisters Josef Pehn schloss dann der Betrieb.

Die im 16. Jahrhundert erbaute Hammerschmiede ist eine der letzten ihrer Art. Nach einer Restaurierung ist sie wieder vollkommen funktionstüchtig. Wird der große Hammer in Betrieb genommen, donnert er mit einem ohrenbetäubenden Geräusch auf den Stock, was wiederum das Dialektwort »stocktärrisch« (nahezu gehörlos) erklärt.

Adresse Hauptstraße 24, 3642 Aggsbach Dorf | **Anfahrt** B 33 bis Aggsbach Dorf, abzweigen in Richtung Kartause und dort parken | **Öffnungszeiten** Führungen unter hammerschmiede-aggsbach.at | **Tipp** Nur ein paar Schritte entfernt befindet sich das Mineralienzentrum »Steinstadel«, in dem man einen Ausflug in die Erdgeschichte unternehmen und Gesteine, Mineralien und Fossilien aus der Gegend besichtigen kann.

2 Der Meditationsgarten

Rückzug aufs Wesentliche

Einfach machten es sich die Kartäuser nie. Sie lebten in kleinen Zellen, sprachen und schliefen wenig und beteten viele Stunden am Tag. Ihr Gründer, Bruno von Köln, suchte eine Verbindung zwischen dem Eremitendasein und dem Leben in der Mönchsgemeinschaft, als er die erste Kartause in den Bergen nahe Grenoble gründete. Ende des 14. Jahrhunderts fanden die Kartäuser auch in Aggsbach einen idealen Ort für ihre Zwecke. Sie lebten dort 400 Jahre, bis ihre Kartause den Klosteraufhebungen von Kaiser Joseph II. zum Opfer fiel. Kreuzgang und Klosterzellen wurden geschleift, Prälatur und Wirtschaftsteil verkauft, und die Klosterkirche wurde in eine Pfarrkirche umgewandelt.

Für die Kartäuser spielt der Garten eine gewichtige Rolle. Jeder Mönch hat bei seiner Zelle ein kleines Gärtchen, das nicht nur der körperlichen Arbeit und dem Anbau von Pflanzen dient, sondern auch das Erleben der Natur ermöglichen soll. In diesem Zusammenhang hatte die Gesellschaft der Freunde der Kartause Aggsbach die Idee, den Bereich des abgerissenen großen Kreuzgangs, der die Mönchszellen verbunden hatte, in einen Meditationsgarten zu verwandeln. Zwischenzeitlich war dort ein Obstgarten. Bei den anschließenden Grabungen fand das Bundesdenkmalamt nicht nur die Grundmauern und Böden wieder, sondern auch die Friedhofskapelle der Kartäuser, die ihre Toten im Innenhof des Kreuzgangs bestattet hatten.

Der Meditationsgarten spiegelt den alten Grundriss wider. In sieben grünen Zellen, um die sich Pflanzen an Gittern ranken, lässt sich wunderbar über die großen Fragen des Lebens sinnieren. Überdies finden sich in der Anlage für die Kartäuser typische Blumen, Bäume und Kräuter. Der Anbau Letzterer hat in der großen Kartause in Frankreich eine lange Tradition. Dort wird der weltberühmte Kräuterlikör »Chartreuse« hergestellt, aber das ist eine andere Geschichte.

Adresse Kartause Aggsbach, Nummer 46, 3642 Aggsbach Dorf | Anfahrt B 33 bis Aggsbach Dorf, abzweigen in Richtung Kartause | Öffnungszeiten täglich 9–17 Uhr | Tipp Hotelbetten sind doch immer gleich – jedoch nicht so im Romantik-Hotel Residenz Wachau, wo Sie im Leiterwagen, auf einem Schiffsdeck oder im Kerkerbett der Themensuite »Burgverlies« nächtigen können.

3 Der Fensterfelsen

Ausblicke und Einblicke

Es ist ein Phänomen, das wir alle kennen: Menschen, die aus dem Fenster gebeugt scheinbar stundenlang das Geschehen rundherum beobachten. Es hat nichts mit dem Alter zu tun. Es gibt die Teenager, die lässig im Fensterrahmen lungern, mittlere Semester, die neugierig das Auf und Ab beäugen, und ältere Damen und Herren, die mit wachsamem Blick die Welt erfassen.

Gut möglich, dass der Felsen der Geheimtreffpunkt der Fenstergucker ist. Als überdimensionale Konstruktion krönt er das darunterliegende Gesteinsmassiv. Durch den Fensterfelsen betrachtet, sieht die Donaulandschaft gleich ganz anders aus. Der Rahmen macht eben das gewisse Etwas. Da wird ein Blick in die Weite zur Landschaftsaufnahme.

Es gibt genug Platz zum Anlehnen und ein natürlich geformtes Fensterbrett, fast wie zu Hause. Da ist es nicht schwer, sich vorzustellen, der Wald im Rücken wäre ein schützendes Haus – in Zeiten der Ausbeutung von natürlichen Ressourcen und der fortlaufenden Klimaveränderung kein abwegiger Gedanke –, und man blickt mit wachsamen Augen durch das Felsfenster hinaus in die alte Kulturlandschaft der Wachau, die über Jahrhunderte geformt wurde. Unterhalb liegt der Ort Aggsbach Markt, an den sich die Donau schmiegt, gegenüber dicht bewaldete Steilhänge und die Burgruine Aggstein. Wer genau hinsieht, bemerkt in den trockenen, von Jahr zu Jahr heißer werdenden Sommermonaten die frühe Verfärbung der Bäume oder den niedrigen Wasserstand der Donau.

Für die Germanen, die lange Zeit am nördlichen Donauufer lebten, waren Fenster »Wind-Augen«, wovon sich das englische Wort »window« ableitet. Man kann sich gut vorstellen, wie der Wind an stürmischen Tagen durch das Felsenfenster pfeift. Fragt sich nur, wie sich die Landschaft dahinter in den nächsten Jahren und Jahrzehnten verändern wird. Dem wachsamen Fenstergucker werden diese Entwicklungen hoffentlich nicht entgehen.

Adresse 3641 Aggsbach Markt | **Anfahrt** B 3 bis Aggsbach Markt, dort dem Edelberg-Rundweg folgen und bei 479 Metern Seehöhe auf die Tafel »Abzweigung Fensterfelsen« achten | **Tipp** Camping-Liebhaber sollten wissen, dass es in Aggsbach Markt einen tollen Stellplatz direkt am Ufer der Donau gibt. Bei Niedrigwasser kommt sogar ein herrlicher Sandstrand zum Vorschein.

4 Der Hubhof

Abenteuerpark mit Slow-Faktor

Wer kann sich noch an die Kinder- und Hausmärchen der Gebrüder Grimm erinnern? Frau Holle, die es schneien lässt auf der Welt, Goldmarie entlohnt und Pechmarie straft. Oder der gestiefelte Kater, der den armen Müllerssohn zum reichen Mann macht. Am Hubhof lässt es sich tief in diese Welt eintauchen. Allein schon die Landschaft verzaubert: weiche Hügel, verschlungene Wege und ein Wald, in dem es von Zwergen, Märchenfiguren, Sagengestalten, Drachen und Rittern nur so wimmelt.

Kinder können Schaufelradboot fahren, Gold waschen, Minigolf oder Riesenspiele mit kindergroßen Figuren spielen, in einem Zelt in die Urzeit eintauchen, durch einen alten Jet klettern und in Tipis entspannen. Im Wald lauern schließlich noch Rieseninsekten und Dinosaurier. Auch Babys haben einen eigenen Spielbereich. Ein Schatz mit Nostalgiefaktor sind die im Wald verteilten Häuschen mit Dioramen, in denen Szenen aus einzelnen Märchen nachgestellt sind. Auf Knopfdruck werden die Geschichten von einer freundlichen Stimme erzählt.

Im Märchenwald ein paarmal abbiegen, und plötzlich steht man vor der Eingangstür des Lebkuchenhauses. Soll man es wirklich betreten und der Hexe auf den Leim gehen wie schon Hänsel und Gretel? Keine Angst, es kann nichts passieren. In dem reich verzierten Häuschen befindet sich ein Teil der Märchensammlung, die der Parkgründer mit viel Liebe zum Detail zusammengetragen hat. Familie Hofbauer führt den Hubhof mittlerweile in zweiter Generation. Wenn der Park im Winter geschlossen ist, kann es vorkommen, dass die Dinos Zuwachs bekommen oder etwas anderes Überraschendes auf den fünf Hektar Land geschieht.

Es sind keine schnellen Attraktionen und keine stressige Action, die der Hubhof bietet. Statt Autodrom gibt es Tretkarts, statt Filmeinspielungen nachgebaute Märchenszenen. Für die Phantasie ist das eine Wohltat, sie kann im Märchenwald wachsen.

Adresse Hubhof 54, 3641 Aggsbach Markt | Anfahrt B 3 bis Aggsbach Markt, in den Ort abzweigen und der L 7141, dann der L 7142 und den Schildern folgen | Öffnungszeiten Ostern–Juni: Sa, So und Feiertage; Juli und August täglich; Sept. und Okt. Sa, So und Feiertage jeweils 10–18 Uhr | Tipp Am Kraftweg in Maria Laach können Sie Energie gewinnen und Kraft schöpfen.

5 Schreckenwalds Schwiegertochter

Historisches Reputationsmanagement

Seine Verwandtschaft kann man sich nicht aussuchen. Ein richtiges Pech ist es, wenn der eigene Schwiegervater die Familie in Verruf bringt, weil er zur Tyrannei neigt. So geschehen ist das Cimburg von Winkl, deren Grabplatte in der Kirche angebracht ist. Darauf ist zu lesen, dass sie die Tochter des Sigmund von Winkl und die Ehefrau des Koloman Scheck von Wald war. Weil die beiden Cousin und Cousine waren, bedurfte es zur Hochzeit einer päpstlichen Genehmigung – Cimburg war damals erst zwölf Jahre alt. Mit ihrem Ehemann lebte sie auf Burg Aggstein. Ihr Schwiegervater, Georg Scheck von Wald, hatte das über der Donau thronende Bauwerk in ruinösem Zustand von Herzog Albrecht V. von Österreich erhalten und wiederaufgebaut. Weil er hoch in der Gunst des Herzogs stand, durfte er Maut von den stromaufwärts fahrenden Schiffen einheben. Über die Höhe dieser Maut waren die landesfürstlichen Städte wenig glücklich. Auch die Einheimischen, die Scheck von Wald herrschaftlich untergeordnet waren, sollen sich über rüden Umgang beschwert haben.

Richtig in Verruf geriet Georg Scheck von Wald, als er zur Sagengestalt »Schreckenwald« mutierte. Der Sage zufolge sperrte er Gefangene auf einen schmalen Felsvorsprung außerhalb der Burgmauern und ließ ihnen die Wahl zwischen verhungern oder springen. Wie so oft bei Sagen ist der Wahrheitsgehalt nicht überprüfbar, und es bleibt unklar, ob das Vorbild für die Figur des Schreckenwald nicht ein Nachkomme Georg Schecks von Wald oder der spätere Burgbesitzer Georg von Stain war, dem ebenso ein gewalttätiger Ruf anhaftet.

Auf Cimburgs Epitaph ist neben dem Wappen der Schecks von Wald auch das Wappen ihrer Familie mit zwei Einhörnern zu sehen. Entdeckt wurde die marmorne Platte Anfang des 20. Jahrhunderts unter den Kirchenstühlen.

Adresse Pfarrkirche, 3641 Aggsbach Markt | **Anfahrt** B 3 bis Aggsbach Markt, in den Ort abzweigen und in Richtung Friedhof fahren, Grabplatte in der Kirche links neben dem Eingang | **Öffnungszeiten** nach telefonischer Voranmeldung im Pfarrhof unter Tel. 02712/213 | **Tipp** Hinter dem eindrucksvollen Pfarrhof ist straßenseitig ein barockes Waschhaus erhalten.

6 Die Mini-Nibelungen

Mit Puppen-Kriemhild durch die Wachau

Unzählige Male wurde das Nibelungenlied nacherzählt, vertont und verfilmt – und von den Nationalsozialisten für ideologische Zwecke missbraucht. Das große Heldenepos des Mittelalters – mit dem tapferen Siegfried, der den Drachen besiegt und allerlei Abenteuer besteht, dem listigen Hagen, der Siegfrieds Schwachstelle ausnützt und ihn tötet, und seiner unerschrockenen Ehefrau Kriemhild – dreht sich um Liebe, Macht, Verrat, Rache und die Gier nach unermesslichem Reichtum. So viel Heldenhaftigkeit braucht ein wenig Ironie, und die versprühen die Puppen, die sich im Keller der Ruine Aggstein tummeln. Etwas in die Jahre gekommen und deshalb umso charmanter wirken die gestellten Szenen, mit denen das gesamte Nibelungenlied nacherzählt wird. Dabei haben Kriemhild und Siegfried mit Barbie und Ken zum Glück nichts gemein. Bei den Puppen kann es ganz schön dramatisch zugehen, etwa wenn Brünhild ihre Kräfte zeigt und einen schweren Stein über ihrem Kopf hält oder wenn eine entsetzte Kriemhild sich an Siegfrieds Bahre die struppigen Haare rauft.

Neben den Puppen finden sich noch weitere Spuren des Nibelungenliedes in der Region, da ein Teil der Handlung entlang der Donau angesiedelt ist: Kriemhild, die Jahre nach Siegfrieds Tod eine Möglichkeit wittert, Rache an den Mördern zu nehmen, willigt in die Heirat mit dem mächtigen Hunnenkönig Etzel ein. Daraufhin tritt sie die Reise zu ihm an, die sie entlang der Donau über Melk führt, wo die illustre Runde einkehrt, weiter durch die Wachau bis Mautern und schließlich nach Tulln, wo Kriemhild auf Etzel trifft.

1998 waren die Nibelungen wieder in aller Munde, als in der Melker Stiftsbibliothek ein Fragment des Nibelungenliedes entdeckt wurde. Es war im Mittelalter »recycelt« und in eine andere Handschrift eingearbeitet worden. Wie es der Zufall wollte, war darin die Brautwerbungsfahrt um Kriemhild geschildert.

Adresse Burgruine Aggstein, 3642 Aggstein | **Anfahrt** B 33 bis Aggstein, der Beschilderung zur Burgruine folgen | **Öffnungszeiten** Ende März – Ende Okt. täglich 9 – 18 Uhr | **Tipp** Bei einer Märchenführung geleitet die »weise Frau« Sie und Ihre Kinder durch die Ruine Aggstein und entführt Sie in eine Welt voll Phantasie und Fabelwesen.

7 Der weltschönste Felsen

Wo Ursula Strauss ins Träumen gerät

»Hier tun sich andere Welten für mich auf«, schwärmt Ursula Strauss. Den magischen Ort, den die beliebte Schauspielerin schon vor Langem für sich entdeckt hat, besucht sie gern mit Freunden und Familienmitgliedern.

Dass neben der imposanten Ruine Aggstein eine bizarr geformte Felsformation in die Höhe ragt, bemerkt man erst auf den zweiten Blick. Es lohnt sich, ein wenig zu klettern, dann heißt es: genießen, denn der Ausblick ist eine Klasse für sich. Weit unten die Donau, eingerahmt in Hügel, die sanft ineinander übergehen, im Rücken der dichte Wald und oben die Weite des Himmels.

Ursula Strauss ist in der nahen Stadt Pöchlarn aufgewachsen. Als leidenschaftlicher Familienmensch kommt sie trotz vollen Terminkalenders und zahlloser schauspielerischer Engagements regelmäßig nach Hause. Von dort aus hat sie mit der Familie schon während ihrer Kindheit Ausflüge in die Wachau und den für sie stets mit einer geheimnisvollen Aura behafteten Dunkelsteinerwald unternommen. Im Erwachsenenleben kommen noch die Heurigen mit ihrer leutseligen Stimmung dazu.

Mutter Liselotte Strauss erzählte ihren Kindern die Wachau-Sagen, darunter auch jene von Schreckenwalds Rosengärtlein. Darin lauert der gefürchtete Raubritter Wanderern auf, sperrt sie auf einen Felsvorsprung vor der Burg und überlässt sie ihrem Schicksal. Die Burgruine ist für die Serienkommissarin ein Ort, an dem sie die Geschichte erahnen kann, Burgfräulein und Ritter durch die Gänge wandern spürt, »spooky« und schön zugleich. Liegt sie auf »ihrem« Felsen, spürt sie Vergangenheit, Gegenwart und Zukunft und ist ganz eins mit der Natur.

Seit einigen Jahren hat Ursula Strauss die Intendanz des Festivals »Wachau in Echtzeit« inne. Wenn es Winter wird und die eigentliche Saison in der Wachau endet, belebt sie die Region mit Musik, Theater und Literatur an ungewöhnlichen Orten.

Adresse Felsen bei der Burgruine Aggstein, 3642 Aggstein | Anfahrt B 33 bis Aggstein, der Beschilderung zur Burgruine folgen, Felsen rechts vor der Burgruine | Tipp Ein Wanderweg führt von der Ruine Aggstein durch den mystischen Dunkelsteinerwald zur Wallfahrtskirche Maria Langegg.

8 Der Marillengarten

Bei der Königin der Wachau

Schon ihre Blüte ruft jedes Jahr einen Hype hervor. Ist sie erst reif, kommen die Menschen in Scharen, um die apricotfarbene, süß duftende Köstlichkeit mit nach Hause zu nehmen. Die vielen alten Gärten, in denen sie wächst, prägen das Bild der Weltkulturerbe-Landschaft mindestens so wie der Wein. Der Urgesteinsboden, das Klima mit seinen pannonischen und atlantischen Zutaten, die wettermäßige Abgeschirmtheit des engen Tales und der Donaustrom liefern ihr die idealen Bedingungen. Die Marille ist unbestritten die Königin der Wachau.

Familie Fechter macht es mit ihrem offenen Marillengarten möglich, ihr einen Besuch abzustatten und etwas mehr über ihre Eigenschaften zu erfahren. Nach Einsetzen der Wirtschafts- und Finanzkrise hängte Hermann Fechter seinen Bürojob als Versicherungsmakler an den Nagel, um sich ausschließlich mit der Marille und ihrer Kultivierung zu beschäftigen. In Bacharnsdorf fand er zwischen Fußballplatz und Bach einen alten Bestand, den er nach und nach in einen Schaugarten verwandelt. Aus den reifen Früchten zaubert der Marillenverfechter Marmeladen, Chutneys und Hochprozentiges.

Im Bericht eines Lesemeisters aus dem Jahr 1679, der die Obstbäume im klösterlichen Weingarten in Arnsdorf dokumentierte, ist die Marille in der Wachau zum ersten Mal schriftlich dokumentiert. Mit Sicherheit aber ist sie schon zu Römerzeiten in der Region heimisch gewesen. Erst Ende des 19. Jahrhunderts begannen die Winzer sie erwerbsmäßig anzubauen, als die Ausbreitung der Reblaus den Weinertrag dezimierte und ein Zubrot vonnöten war.

Spricht man von der Wachauer Marille, so meint man eigentlich eine der elf regionaltypischen Sorten, deren bekanntesten die »Klosterneuburger« und die »Ungarische Beste« sind. Die meisten Marillen wachsen übrigens auf dem Stamm von Zwetschkenbäumen, auf die sie im Jungpflanzenstadium »aufgepfropft« werden.

Adresse 3621 Bacharnsdorf | Anfahrt B 33 bis Bacharnsdorf, beim Fußballplatz auf den Gehweg einbiegen und ein Stück donauabwärts gehen | Öffnungszeiten und Ab-Hof-Verkauf nach Voranmeldung unter Tel. 0664/9405694 | Tipp An der Häuserzeile Bacharnsdorf Nummer 7 sind Reste eines römischen Wachturms zu sehen.

9 Das Türkentor

Nadelöhr in der Wildnis

Um sich vorzustellen, dass hier einmal eine Hauptverkehrsader verlief, braucht man ein wenig Phantasie. Gebaut wurde sie von den Römern im Hinterland des rechten Donauufers. Durch das Kupfertal führte eine Stichstraße hinunter zu einem der Wachposten am Donaulimes. Das einsame Tor, das plötzlich im Wald auftaucht, ist aber kein antikes Portal der Römer. Es wurde in der Neuzeit erbaut und hat seinen Namen aus dem Ersten Österreichischen Türkenkrieg.

Das Osmanische Reich verfolgte nach der Einnahme von Konstantinopel 1453 eine verstärkte Expansionspolitik. Unter der Führung von Sultan Süleyman I. erreichte es seine größte Ausdehnung. Nachdem dieser begonnen hatte, gegen Ungarn Krieg zu führen, gelang ihm 1526 in der Schlacht bei Mohács, bei der Ludwig II. von Ungarn und Böhmen getötet wurde, der entscheidende Sieg.

In Wien erhob Erzherzog Ferdinand Anspruch auf die vakante Krone. Der Bruder von Karl V., dem letzten päpstlich gekrönten Kaiser des Heiligen Römischen Reiches, verwaltete die habsburgischen Erblande und hatte im Vorfeld einen Erbvertrag geschlossen. Der ungarische Adel aber war damit nicht einverstanden und wählte einen anderen König, der sich unter den Schutz Süleymans stellte. Danach rückten die osmanischen Truppen auf Wien vor. Spanische und italienische Truppen, die Wien zu Hilfe kamen, zogen durch die Wachau.

1529 wurde Wien von den osmanischen Truppen eingeschlossen. Die Belagerung dauerte drei Wochen. Aufgrund der Verluste, des nahenden Winters und der schlechten Versorgungslage zogen sich die Angreifer zurück. Erzherzog Ferdinand allerdings traf Vorkehrungen und ließ Befestigungsanlagen ausbauen. Im Zuge dessen wurde die Straße oberhalb von Bacharnsdorf mit einem Wehrbau und einem Tor versehen. Damit war für eventuell durchziehende Truppen ein Nadelöhr entstanden. Ein halbes Jahrtausend später steht das Tor jedem Wanderer offen.

Adresse 3621 Bacharnsdorf | **Anfahrt** B 33 bis Bacharnsdorf, Wanderweg den Dürrenbach entlang bachaufwärts zum »Türkentor« | **Tipp** Auf dem ehemaligen Römerweg können Sie das romantische Kupfertal mit seinen eindrucksvollen Felsformationen durchwandern.

10 Das Wohnhaus

Hingucker mit bewegter Historie

Dominant steht es über Schönbühel. Auf dem Vorplatz mit großem Baum ist der Blick in Richtung Melk schlicht umwerfend. Der perfekte Ort für ein Wohnhaus, aber das war nicht immer so. Bis in die 1980er Jahre war hier die Zentrale der Firma ZKW, die der Geschäftsmann Karl Zizala 1938 in Wien gegründet hatte. In Berging, Melk und Wien wurden Metallwaren – militärische Güter ebenso wie Gebrauchsgegenstände – erzeugt.

Nach dem Krieg konzentrierte sich Zizala auf die Herstellung von Teilen für die Fahrzeugindustrie – und hielt sogar die Mehrheit am Motorradhersteller KTM. In Berging arbeiteten 20-mal so viele Menschen, wie es zum damaligen Zeitpunkt Einwohner gab. Nach dem Tod des Firmengründers allerdings ging es bergab. Anfang der 1980er Jahre drohte der Konkurs. Die Mitarbeiter kämpften um das Überleben der Firma und die Erhaltung ihrer Arbeitsplätze. Kurze Zeit stand sogar im Raum, dass sie den Betrieb mit Unterstützung der öffentlichen Hand in genossenschaftlicher Selbstverwaltung weiterführen könnten. Ein Betriebsrat ersuchte den Bundeskanzler Bruno Kreisky um Hilfe. Der Sozialdemokrat beherzigte die Bitte. Auf einer Libyenreise sprach er den deutschen Industriellen Mommert darauf an, der wenig später die rettende Übernahme wagte.

Für den Standort Berging bedeutete dies allerdings die Schließung. Mommert machte den Standort Wieselburg zur neuen Zentrale und spezialisierte sich auf Lichtsysteme für Fahrzeuge – womit eine neue Erfolgsgeschichte begann.

Einige der Berginger Mitarbeiter wurden daraufhin täglich per Bus nach Wieselburg gebracht. Die Schließung des Werkes war für die Region nicht einfach zu verarbeiten. Der Film »Ein Wilder Sommer« der Regisseurin Anita Lackenberger aus dem Jahr 2018 setzt sich damit auseinander. Das ehemalige Firmengebäude wurde Mitte der 1990er Jahre zum Mehrparteienwohnhaus umgebaut.

Adresse Nummer 9, 3392 Berging | **Anfahrt** B 33 bis Schönbühel, abzweigen in Richtung Schloss Schönbühel, dann die Straße nach Berging nehmen, dort die erste Straße links hinauffahren | **Öffnungszeiten** nur von außen zu besichtigen | **Tipp** Das Haus neben dem Kloster Schönbühel wurde einst als Wirtschaftsgebäude des Schlosses errichtet. Später beherbergte es eine Taverne, bis es vom deutschen Philosophen und Psychologen Franz Brentano als Sommerhaus erworben wurde.

11 Die Bäckerei Schmidl

Außen knusprig, innen weich

Was haben Frankreich und die Wachau gemeinsam? Nicht nur eine Menge exquisiter Weine, sondern auch das passende Gebäck dazu. Im Fall von Frankreich ist es das Baguette. Das mundete dem Bruder des Dürnsteiner Bäckermeisters außerordentlich. Als Lehrer bei den Wiener Sängerknaben kam er in der Welt herum und 1905 in Paris zum ersten Mal in Berührung mit dem französischen Weißbrot in Stangenform. Zurück in Dürnstein hatte ihn die Begeisterung noch nicht losgelassen. Er bat seinen Bruder, ein außen knuspriges und innen weiches Gebäck nach dem Vorbild des Baguettes zu kreieren. Nach eingehender Untersuchung und einigen Experimenten erfand Rudolf Schmidl das »Wachauer Laberl«. Mit seinem Cross-over, das er in Größe und Form am damals in Österreich gängigen Kleingebäck und von Geschmack und Konsistenz her am Baguette orientierte, gelang ihm ein Klassiker. Damit ist die Gründungslegende erzählt.

Barbara Schmidl leitet die Bäckerei in elfter Generation. Als es vor wenigen Jahren schlecht um den Traditionsbetrieb stand, gelang es der passionierten Bäckerin, die zugibt, schon als Kind gern aus den Töpfen der Konditorei geschleckt zu haben, das Ruder herumzureißen. In der Backstube wird viel mit neuen Rezepten experimentiert. Gebacken wird mit regionalen Produkten und ohne Fertigmischungen. Die Devise lautet »Slow Food«. Der für die Wachau geradezu identitätsstiftenden Kreation ihres Urgroßvaters wurde jüngst noch ein Kapitel hinzugefügt, indem ein »S« auf der Unterseite jedes Wachauer Laberls eingebacken wird – schließlich soll das Original ja auch erkannt werden.

Das genaue Rezept des Wachauer Laberls ist bis heute ein streng gehütetes Geheimnis. Entgegen der außerhalb der Wachau weitverbreiteten Meinung ist es ein Sakrileg, Kümmel in das Laberl einzubacken. Schließlich ist es als Weinbegleiter konzipiert und benötigt keine überflüssige Würze.

Adresse Nummer 21, 3601 Dürnstein | Anfahrt B 3 bis Dürnstein, Bäckerei im Ortskern | Öffnungszeiten Mo–Fr 7–11 Uhr, Sa 7–12 Uhr, So und Feiertage geschlossen | Tipp Ein Abstecher an die Donaulände führt Sie zum sogenannten »Malerwinkelhaus« aus dem 17. Jahrhundert, dem wohl meistgemalten Haus in der Wachau.

12 Der Backstage-Keller

Von Stars und Alchemisten

In puncto Qualität ist die Weinregion Wachau ein Vorzugsschüler. Nach dem österreichischen Weinskandal Anfang der 1980er Jahre schufen sich die Wachauer Winzer ihr eigenes Qualitätssystem inklusive dreier Marken für charakteristische trockene Weißweine, die – ansteigend nach ihrem Alkoholgehalt und der Qualität – in Steinfeder, Federspiel und Smaragd eingeteilt sind.

Ein Drittel der gesamten Weinanbauflächen wird von der Domäne Wachau bewirtschaftet. Das Weingut existierte bereits im 12. Jahrhundert und ist seit den 1930er Jahren als Winzergenossenschaft organisiert. Das barocke Kellerschlössl wurde von Jakob Prandtauer, dem Baumeister des Stiftes Melk, errichtet.

Geschichtsträchtig ist auch der weitverzweigte Weinkeller darunter. Der Wein, der zur Unterzeichnung des österreichischen Staatsvertrags 1955 serviert wurde, stammt von dort – ebenso wie der Vertragsinhalt selbst, den Außenminister Leopold Figl mit seinem russischen Amtskollegen im Weinkeller ausverhandelt haben soll. Neben historischen Tropfen entstehen dort Jahr für Jahr Weine aus den besten Lagen, die Stars der Wachau.

Wer so viele Klassiker produziert, hat auch einmal Lust auf das Experiment. Die Alchemisten sind in diesem Fall Weingutsleiter Roman Horvath und Kellermeister Heinz Frischengruber. Ihr Labor ist ein Bereich des Kellers, der den bezeichnenden Namen Backstage-Keller trägt. Dort wird Gemischter Satz aus uralten Traubensorten geschaffen.

Ein Riesling wird, wie schon vor 6.000 Jahren, in Amphoren aus Ton vergoren. Ein Müller-Thurgau gärt in einem riesigen Beton-Ei, um später unfiltriert abgefüllt zu werden. In kleinen Holzfässern entstehen kräftiger Rosé und Chardonnay, Grüner Veltliner wird mit hauseigenem Veltlinerbrand versetzt. In einer Ecke thront ein riesiger Block aus Wachauer Marmor, in dem ein weiterer Zaubertrank – Pardon! – Wein heranreift.

Adresse Domäne Wachau, Nummer 107, 3601 Dürnstein | **Anfahrt** B 3 bis Dürnstein, von Osten kommend vor dem Tunnel rechts abzweigen und der Straße Richtung Unterloiben folgen | **Öffnungszeiten** April–Okt. Mo–Sa 10–17 Uhr, Nov.–März Mo–Fr 10–17 Uhr, an Feiertagen geschlossen | **Tipp** Rechts neben dem Kellerschlössl der Domäne Wachau führt ein Fußweg zu einer herrlichen Aussichtsplattform.

13 Der Eselsteig

Ein steiler Weg zu Richard Löwenherz

Am 21. Dezember 1192 schnappte die Falle zu. Der englische König Richard Löwenherz, der nach seiner Teilnahme am Dritten Kreuzzug inkognito nach Hause reisen wollte, wurde in einem Vorort von Wien erkannt. Herzog Leopold V., eigentlich ein Mitstreiter im Kreuzzug, nutzte die Gelegenheit und setzte den König, der bei gleich mehreren europäischen Herrschern in Ungnade gefallen war, fest. Er selbst hatte mit Löwenherz ein Hühnchen zu rupfen, weil dieser nach der siegreichen Schlacht in Akkon seine Beuteansprüche zurückgewiesen hatte. Er ließ den prominenten Gefangenen aus Wien wegbringen und von seinem Ministerialen Hadmar II. von Kuenring auf Burg Dürnstein verwahren. Der zweimonatige Aufenthalt des englischen Königs, der aufgrund seines Ranges konziliant behandelt worden sein soll, war der Beginn einer jahrhundertelangen Mythenbildung. Richard Löwenherz wurde an den deutschen Kaiser ausgeliefert, womit das eigentliche Tauziehen um die Freilassung begann. Es endete nach zwei Jahren mit einem astronomisch hohen Lösegeld, an dem auch Leopold V. beteiligt war.

Ein Nachfahre Leopolds war es schließlich, der Burg Dürnstein empfindlich beschädigte, nachdem die Kuenringer in Ungnade gefallen waren. Ein paar hundert Jahre hielt sie noch stand, bis das schwedische Heer sie gegen Ende des Dreißigjährigen Krieges sprengte.

Über die steinernen Treppen des alten Versorgungsweges – des Eselsteiges –, auf dem früher Güter transportiert wurden, steigen seither Jahr für Jahr Tausende Besucher hoch zur Burg. Eine von ihnen war die englische Schriftstellerin Frances Trollope, die im Herbst 1836 mit dem Schiff durch die Wachau reiste. Gerührt vom Anblick des Ortes, an dem »ihr König« gefangen gewesen war, kehrte sie zwei Wochen später nach Dürnstein zurück. Ob Richard Löwenherz tatsächlich auf der Felsenburg oder einer nahen Nebenburg Hadmars II. weilte, muss ein Rätsel bleiben.

Adresse 3601 Dürnstein | **Anfahrt** B 3 bis Dürnstein, Beginn des Ruinenweges beim Friedhof, für den Eselsteig links halten | **Tipp** Etwas nördlich von Dürnstein steht an der B 3 ein Reiterstandbild. Es markiert jene Stelle, an der die Donau im Mittelalter durchquerbar war.

14 Der Friedhof

Idyllische Ruhestätte für Malerpersönlichkeiten

Als Student an der Kunstakademie suchte Maximilian Suppantschitsch Motive in der Wachau. Seine Studienobjekte waren die engen Gassen, die Donaulandschaft und die Grabkreuze auf den Friedhöfen. Bis er selbst seine letzte Ruhestätte auf dem malerischen Friedhof Dürnstein in unmittelbarer Nähe zu seinem Kollegen Emil Strecker finden sollte, vergingen mehr als 50 Jahre. In dieser Zeit erlebten die Wachaumaler ihre Blüte.

Suppantschitschs Professor an der Akademie war Eduard Peithner von Lichtenfels. Dieser hatte die Wachau als künstlerisches Eldorado entdeckt und seine Studenten dorthin geführt. Im Geiste der Romantik suchte man Orte, die unberührt von den Spuren der raschen Industrialisierung waren. Für die einen waren es die Berge Tirols, für die anderen das damals noch ruhige Donautal zwischen Melk und Krems, beide Orte waren durch die Eisenbahn gerade erschlossen und die Wachau leichter zugänglich geworden.

Anfangs beäugten die Einheimischen die Maler, die allerorts Motive einfingen, kritisch. Rasch wurden sie integriert, kamen im Frühjahr und blieben bis Herbst, waren in den Gasthäusern gern gesehene Gäste. Die Bilder der Wachaumaler wurden begehrte Kunstobjekte, waren in Ausstellungen zu sehen und wurden in Zeitschriften abgedruckt. Die Idylle auf den Bildern lockte Ausflügler an und befeuerte den aufkommenden Tourismus in der Wachau.

Gegen Ende des 19. Jahrhunderts zog es auch den in Dresden geborenen Künstler Emil Strecker nach Dürnstein. Ursprünglich Bildhauer, hatte er während eines Aufenthalts in Italien zur Malerei gefunden und war über Wien zu den Wachaumalern gestoßen. Dem Gasthof Thiery, einem der zentralen Künstlertreffpunkte, gab er den heute noch gültigen Namen »Zum Richard Löwenherz«. Strecker bezog eine Wohnung im Schloss Dürnstein und gründete 1919 den Wachauer Künstlerbund, der bis Ende der 1970er Jahre bestand.

Adresse 3601 Dürnstein | Anfahrt B 3 bis Dürnstein, Friedhof im Ortskern beim Kremser Tor | Tipp Das 1289 gegründete Klarissenkloster prägte einst das Stadtbild Dürnsteins wesentlich mit, ehe unter den Augustiner-Chorherren das Kirchendach abgetragen und die gotische Anlage zwischenzeitlich zu einem Getreidespeicher umfunktioniert wurde.

15 Das Kuenringerbad

In die Geschichte eintauchen

Ob man das Kuenringerbad nun betritt oder nicht – allein aufgrund seines auffälligen Sgraffitos ist es ein Hingucker. Der Künstler Robert Herfert, der es in den 1970er Jahren schuf, erzählt darin die prägenden Verstrickungen der Kuenringer, eines der für Österreich bedeutendsten Adelsgeschlechter des Mittelalters, mit der Stadt Dürnstein.

Im symbolisch dargestellten Fluss der Donau werden zwei historische Persönlichkeiten präsentiert. Die eine ist der englische König Richard Löwenherz, der während seiner Heimkehr vom Dritten Kreuzzug bei Wien aufgegriffen und anschließend nach Dürnstein in die Obhut von Hadmar II. von Kuenring gegeben wurde. Hadmars Vorfahren hatten das Gebiet vom Kloster Tegernsee erworben und die Felsenburg erbaut, in der Löwenherz vermutlich gefangen war. Der Legende nach wurde er von seinem treuen Sänger Blondel, der von Burg zu Burg zog, dort gefunden, weil er eine bekannte Melodie erwidert hatte.

Die zweite Persönlichkeit ist Leutold I. von Kuenring-Dürnstein. In seine Zeit fiel der Beginn der Herrschaft der Habsburger, denen er sich anfangs anschloss, später widersetzte und schließlich unterwerfen musste. Trotz alledem blieb er einflussreich und reparierte die Reputation seiner Familie nach den unrühmlichen Raubritter-Episoden einiger Vorfahren. Leutold bezeichnete den Kern seiner Besitzungen als »Vinea Wachau Nobilis Districtus« – ein Begriff, der heute das Weinbaugebiet der Wachau definiert und als Gebietsmarke der größten Wachauer Winzervereinigung omnipräsent ist.

Zu Lebzeiten von Leutolds Enkel erhielt Dürnstein das Stadtrecht, 100 Jahre später erst das Stadtwappen, das in der Mitte des Sgraffitos zu sehen ist.

Wer nach so viel Geschichte eine Abkühlung sucht, kann im Kuenringerbad in einen Naturbadeteich mit Seerosen und Schilf eintauchen und die dramatische Geschichte mit Blick auf die imposante Burgruine auf sich wirken lassen.

Adresse Donaulände, 3601 Dürnstein | **Anfahrt** B 3 bis Dürnstein, am Stadtrand abzweigen zur Donaulände | **Öffnungszeiten** Mai–Sept. bei Schönwetter Mo–Fr 10–18 Uhr, Sa, So und Feiertage 9–19 Uhr, Auskunft über den Badebetrieb unter Tel. 02711/320 | **Tipp** Wer mit offenen Augen durch Dürnstein spaziert, entdeckt schöne Details an den Häusern, die im Kern zu einem großen Teil aus dem 16. und 17. Jahrhundert stammen: Wappen ungarischer Adeliger, Zunftzeichen der Binder und wunderschön verzierte Flacherker.

16__Die Mandelblüte

Frühlingsbote mit Marzipannote

Sie locken die Menschen in Scharen in die Wachau, sobald sie ihre Knospen öffnen: die mehr als 100.000 Marillenbäume. Nach ihnen blühen die Kirschen, die Pfirsiche, die Äpfel und zuletzt der Wein. Ein Frühlingsbote allerdings kommt ihnen allen noch zuvor: die Mandel. Mit ihren rosa Blüten legen die Mandelbäume für ein paar Tage im März einen zarten Schleier über Gärten und Orte und zeigen gleich zu Jahresbeginn, was die Flora in der Wachau alles kann.

An den Mandelbäumen lassen sich auch die kleinen Klimaunterschiede in der Wachau nachvollziehen. Während ihre Knospen in Weißenkirchen noch fest verschlossen sind, stehen sie in Dürnstein schon in voller Blüte und sorgen für die ersten begehrten Fotomotive des Jahres.

Viele der Pflanzen, die sich in der Wachau durch die geschützten klimatischen Bedingungen entwickeln konnten, hat der Lauf der Geschichte gebracht. Die gut ausgebauten Straßen der Römer verbanden die nördliche Donauseite mit der antiken Welt. Über diese Wege kam die Marille, die ursprünglich aus Armenien stammt und von Alexander dem Großen nach Italien mitgenommen worden war, in das enge Donautal. Auch den Wein und dessen Anbaumethoden haben die Römer im Gepäck gehabt. Als früher Beweis dafür gilt eine Stelle in der von Eugippius um 511 verfassten Vita des heiligen Severin, der in Mautern lebte und wirkte. Darin erzählt der Schriftsteller, dass sich Severins Kloster in der Nähe von Weinbergen befunden habe.

Ab dem 9. Jahrhundert besiedelten Mönche aus Bayern und Salzburg die Wachau. Sie ließen Weinterrassen anlegen und gründeten Lesehöfe, die systematisch Weinbau betrieben. In den Klöstern war ein reichhaltiges Wissen über den Gartenbau vorhanden. So kamen immer wieder neue Pflanzen in die Weingärten. Alles, was zwischen den Rebzeilen wuchs, durften die Bauern ernten und für sich behalten – darunter auch Pfirsiche, Nüsse und Mandeln.

Adresse 3601 Dürnstein | **Anfahrt** B 3 bis Dürnstein, von Osten kommend vor dem Tunnel rechts abzweigen, Mandelbäume auf der Grünfläche gleich links | **Tipp** Wenige Schritte entfernt, am Dürnsteiner Bahnhof, bietet die Wachauer Safranmanufaktur exquisite Safranprodukte zum Kauf an. Im hauseigenen Café können Sie selbst gemachte Safran-Mehlspeisen genießen (Di und Do 9–12 Uhr).

17_Das Schloss

Wenn Geschichte die Kontinente umspannt

Man bekommt nicht jeden Tag Post aus dem Weißen Haus. Im Frühsommer 1979 flatterte ein Dankesbrief der damaligen amerikanischen First Lady Rosalynn Carter ins Schloss Dürnstein. Dem waren aufregende Tage vorangegangen. Während Präsident Jimmy Carter in Wien verhandelte, wurde der First Lady und ihrer Tochter Amy die Wachau gezeigt. Die Reise führte ins Stift Melk und per Schiff über die Donau nach Dürnstein, wo der hohe Besuch im Schlosshotel speiste. Ob die First Lady damals wusste, was das Schloss und ihre Heimat verbindet?

Ziemlich genau 100 Jahre vor Rosalynn Carters Besuch wurde in North Carolina die Wachovia Bank gegründet. Sie entwickelte sich zu einer der größten US-amerikanischen Banken, bis sie im Zuge der Wirtschafts- und Finanzkrise 2008 aufgekauft wurde. Ihren Namen hatte die Bank von einem Landstrich in North Carolina. Dieser erzählt ein Stück Kolonisationsgeschichte der USA.

Schloss Dürnstein war im 17. Jahrhundert für kurze Zeit im Besitz der Grafen von Zinzendorf und Pottendorf, einem der ältesten Adelsgeschlechter Niederösterreichs, das sich während der Gegenreformation nach Sachsen verlagerte. Nikolaus von Zinzendorf gründete dort die »Herrnhuter Brüdergemeine«, eine protestantisch geprägte, überkonfessionelle Glaubensgemeinschaft, die sich rasch ausbreitete. Einige Herrnhuter ließen sich in der Neuen Welt nieder und gründeten dort christlich organisierte Ansiedlungen. Mitte des 18. Jahrhunderts erwarb ein Herrnhuter Bischof einen Landstrich in North Carolina und nannte ihn in Erinnerung an die frühere Heimat der Zinzendorfer »Wachovia«.

Die Familie Thiery, die das geschichtsträchtige Schlosshotel betreibt, hat seit dem Besuch von Rosalynn Carter noch unzählige weitere Staatsgäste, Schauspieler und Künstler beherbergt. Wer spürt es nicht, das Flair von Welt, wenn er auf der Schlossterrasse sitzt und auf die Donau schaut?

Adresse Hotel Restaurant Schloss Dürnstein, Nummer 2, 3601 Dürnstein | **Anfahrt** B 3 bis Dürnstein, Schloss am Eingang des Ortskerns | **Öffnungszeiten** täglich 12–14 und 18.30–20.30 Uhr | **Tipp** Vor dem ehemaligen Klarissenkloster steht eine Linde, die dem Architekten Clemens Holzmeister im Jahr 1976 von seinen Schülern zum 90. Geburtstag gepflanzt wurde.

18 Der Stiftshof

Wo Jedermann beinahe gelandet wäre

Als Hugo von Hofmannsthals berühmtes Stück »Jedermann« am 22. August 1920 in Salzburg aufgeführt wurde, dachte niemand mehr an Dürnstein. Wie gemacht schien das Spiel vom Sterben des reichen Mannes für den Salzburger Domplatz, wo Tod und Leben, Alt und Jung, Arm und Reich so nah beisammenliegen. Mit dem »Jedermann« wurden die Salzburger Festspiele begründet. Seither wird er Jahr für Jahr am Domplatz gespielt.

Dabei hätte alles ganz anders kommen können. Hofmannsthal hatte lange an dem Stoff über die moralische Rechtfertigung am Ende des Lebens gearbeitet – immer wieder angetrieben von Regisseur Max Reinhardt. Nicht nur der Stoff, der schon jahrhundertealt war, auch das Versmaß und das Auftreten von Allegorien wie Mammon und Tod machten das Stück zeitlos. Als eine frühere Form 1911 in Berlin uraufgeführt wurde, traf es nicht annähernd so wie später in Salzburg den Nerv des Publikums.

Dabei hatte Hofmannsthal ursprünglich einen ganz anderen Spielort im Sinn. Im Stiftshof von Dürnstein war ihm die Idee gekommen, das Stück im Freien aufzuführen. 1918 hatte er Max Reinhardt und den Maler Erwin Lang in die Wachau geschickt, damit auch diese sich ein Bild machten. Den beiden Herren schienen »das herrliche Barockportal« und die »mächtigen flankierenden Sandsteinfiguren« die ideale Kulisse. Man trank Wein, genoss die Sonne und den Blick von der Terrasse auf die Donau. Max Reinhardt erwirkte ein Gespräch mit dem Abt, um die Sache in die Wege zu leiten. Trotzdem kam es anders.

Der Sonnenanbeter Hofmannsthal hätte sich vermutlich sehr wohlgefühlt in der Wachau. Dem Stück aber tut manche Salzburger Wolke nicht schlecht, wie schon aus einem frühen Bericht Max Reinhardts bekannt ist: »Die Zufälligkeiten des Tages, der Flug der Tauben, das Gewitterige der Atmosphäre schieben sich in unser Spiel und verleihen ihm einen eigenartigen immer wechselnden Zauber.«

Adresse Stift Dürnstein, Nummer 1, 3601 Dürnstein | Anfahrt B 3 bis Dürnstein, Stift im Ortskern | Öffnungszeiten April–Okt. Mo–Sa 9–17 Uhr, So und Feiertage 10–17 Uhr | Tipp Vor dem Turm der Stiftskirche steht die Statue des heiligen Nikolaus, Patron der Schiffer. Ein Engel zu seinen Füßen hält ein goldenes Schiff in den Händen – früher brannte darin eine Kerze für die Schiffsleute.

19 Der Tunnel

Gut belüftet und heiß umkämpft

»Land der Tunnel« könnte man Österreich nennen, wobei die langen Tunnel eher in den Alpen anzutreffen sind. Eine der größeren technischen Leistungen des Tunnelbaus befindet sich allerdings in Dürnstein. Unterhalb des Ortes wurde in der zweiten Hälfte der 1950er Jahre der erste Tunnel Österreichs mit einem Belüftungssystem errichtet. Dieser war nicht nur ein technisches Vorbild für sämtliche Nachfolgebauten, sondern auch ein Symbol für die Kontroversen und Kompromisse von Verkehrspolitik und Landschaftseingriffen in der Wachau.

Anfang der 1950er Jahre wurden Forderungen nach einem Ausbau der Bundesstraße durch die Wachau laut. Die motorisierten Fahrzeuge wurden mehr und mehr, und die Menschen begannen wieder Ausflüge zu machen. Zur Marillenblüte etwa staute es sich durch die Wachau, unterhalb von Dürnstein war die Straße nur einspurig befahrbar.

Der Landespolitiker und Ingenieur August Kargl, der am Tunneleingang mit einem Denkmal geehrt wird, forcierte den Bau einer neuen Durchzugsstraße, die direkt entlang der Donau verlaufen sollte. Die Kontroversen darum wurden allerdings bald so laut, dass das Projekt unterbrochen, die weitere Trassenführung diskutiert wurde. Wo es ging, wurde nun Rücksicht auf die Kulturlandschaft genommen. In Dürnstein wurde der Bau des Tunnels als Lösung gefunden.

Die neue Straße entlastete zwar die verwinkelten Orte, sie lockte aber auch wesentlich mehr Menschen in die Wachau und belastete die Einheimischen mit zunehmendem Schwerverkehr. Weinbauer und Wachauer Urgestein Josef Jamek schildert in seiner Biografie die Kämpfe, die er, der Spitzer Weinbauer Franz Hirtzberger und ihre Mitstreiter mit Politik und Wirtschaft ausgetragen haben, um die Kulturlandschaft zu schützen, den Schwerverkehr wieder einzudämmen und den Ausbau der Donau zu verhindern. Bestrebungen, die immer wieder Erfolge zeitigten. Seit 2000 ist die Wachau UNESCO-Weltkulturerbe.

Adresse 3601 Dürnstein | **Anfahrt** B 3 bis Dürnstein | **Tipp** Dürnstein ist für Kletterer ein wahres Eldorado: Östlich der Burgruine befindet sich der älteste Klettergarten in der Wachau.

20__Die Überfuhr

Nostalgisches Strandhopping

Es ist die vielleicht schönste Anlegestelle am gesamten Flusslauf der Donau. Der kleine Strand unterhalb von Dürnstein ist hinter Bäumen und Büschen versteckt. Der Sand ist so fein wie in einer Meeresbucht und die Strömung so schwach, dass man an warmen Tagen gut baden kann. Wer die Perspektive wechseln und das malerische Ortsbild von Dürnstein vor Augen und nicht im Rücken haben will, kann einfach zum gegenüberliegenden Sandstrand nach Rossatzbach übersetzen. Dazu nimmt man die Motorzille, die als Fähre zwischen den beiden Orten verkehrt – für Radfahrer eine gute Gelegenheit, von der belebteren auf die ruhige Seite zu wechseln.

Auf den Bildern der Wachaumaler, die ab dem 19. Jahrhundert Landschaft und Menschen verewigten, finden sich alle Arten der Überfuhr, die damals möglich waren. Vor dem Aufkommen der Dampfschifffahrt wurden Schiffe von Pferden gegen die Strömung gezogen. Aufgrund der unterschiedlichen Uferbeschaffenheit musste dabei immer wieder die Uferseite gewechselt werden. Nach ähnlichen Prinzipien wie diese Überfuhren funktionierten die fliegenden Brücken, die Vorgänger der späteren Rollfähren, die an einem Seil hingen und die Strömung zum Uferwechsel nutzten. Zwei Rollfähren sind in der Wachau noch immer im Einsatz. Die beste Option waren lange Zeit Zillen oder die größeren Plätten, wenn Waren und Tiere transportiert wurden.

Die Überfuhr in Dürnstein gibt es seit der Mitte des 14. Jahrhunderts, damals noch mit landesfürstlicher Genehmigung. Auf den Bildern der Wachaumaler wirken die Fährleute, die Fergen genannt wurden, wie venezianische Gondolieri. Ganz so einfach, wie es auf den Bildern aussieht, dürfte es aber nicht gewesen sein, in der Strömung zu navigieren.

Die Zillen, die heute im Einsatz sind, wurden von Anton Witti, einem der letzten österreichischen Zillenbauer, gefertigt und in der Bootswerft Mayer in Aggsbach Markt mit Motoren ausgestattet.

Adresse Anlegestelle der Fähre Dürnstein-Rossatz, Treppelweg, 3601 Dürnstein | **Anfahrt** B 3 bis Dürnstein, Fähre am Treppelweg nahe dem Ortszentrum | **Fährbetrieb** unter schifffahrt-duernstein.at | **Tipp** An der donauseitigen Fassade von Haus Nummer 6 sind die Höchstwasserstände der Donau seit 1862 eingezeichnet.

21 Die Weiglwarte

Als der Tourismus in den Kinderschuhen steckte

Wie kaum eine andere Region ist die Wachau von Reisenden geprägt. Dies beginnt mit den Jägern und Sammlern, welche die Venus von Willendorf hinterlassen haben, und zieht sich durch die Jahrtausende. Kelten, Römer, mittelalterliche Kreuzfahrer, der Gefangene Richard Löwenherz, auch die sagenhaften Nibelungen reisten durch. Viele blieben und prägten das Geschehen.

Im 19. Jahrhundert wurde das Reisen einfacher, was der langsam aufkommenden Mobilität geschuldet war. Ab den 1870er Jahren begab sich Eduard Peithner von Lichtenfels, Professor für Landschaftsmalerei an der Wiener Akademie, mehrmals mit seinen Schülern in die Wachau. Die jungen Künstler sogen die Motive, die sich ihnen boten, auf und lösten mit ihren Bildern einen Boom aus. Die Städter wurden aufmerksam auf die idyllische Landschaft, die ihnen bald auch schon in Reiseberichten geschildert wurde.

Der 1869 gegründete Österreichische Touristenklub fand in der Wachau aktive Mitstreiter, die Interesse daran hatten, die touristische Infrastruktur für die Sommerfrischler auszubauen. Eine treibende Kraft war der Fabrikdirektor Augustin Weigl, der von Wien nach Spitz übersiedelt war und seine Liebe zur Landschaft entdeckt hatte. 1884 eröffnete er die heute unter Denkmalschutz stehende Donauwarte in Krems-Egelsee. In der Folge entstanden mehrere Aussichtswarten, die als Wanderziele dienten. In den 1880er Jahren erwirkte Weigl bei der Donau-Dampfschifffahrts-Gesellschaft schließlich ein Ausflugsschiff zwischen Krems und Melk, das bald schon gut gebucht war.

Als der hölzerne Vorgängerbau der Weiglwarte im Jahr 1881 errichtet wurde, hieß er noch »Sandl-Turm«, benannt nach dem 723 Meter hohen Berg, auf dem er steht. Der steinerne Neubau, der 20 Jahre später eröffnet wurde, erhielt den Namen Weigls, der als »Vater der Wachau« gilt. In einem Nachruf wurden seine Verdienste um die »Erweckung des Dornröschens an der Donau« gepriesen.

Adresse auf dem Sandl, 3601 Dürnstein | Anfahrt B 3 bis Weißenkirchen, L 7094 bis Weinzierl am Walde, dann L 7078, abzweigen auf L 7085 bis zur Familie Ettenauer (»Sandlbauer«), dort zu Fuß über die Wiese hinauf zur Warte | Öffnungszeiten Der Schlüssel zur Warte kann bei der Familie Ettenauer abgeholt werden. | Tipp Von der Weiglwarte aus gelangen Sie nach einer kurzen Wanderung zu den Falkenwänden, die imposant in die Höhe ragen.

22 Sigmund Freuds Irrtum

Ein Ausflug in die Psyche

Sigmund Freud führte uns vor Augen, wie das Unbewusste funktioniert, was Verdrängung bedeutet und wie unsere Psyche strukturiert ist. In einem seiner grundlegenden Werke, der »Traumdeutung«, schrieb der Begründer der Psychoanalyse: »Der Traum gibt sich nie mit Kleinigkeiten ab.«

Ein Erlebnis, das nachhaltigen Einfluss auf Freud hatte, war ein Besuch in Emmersdorf. Dort verortete er den Alterssitz des Arztes Adolf Fischhof, der mit seiner Rede über die Pressefreiheit zum Auslöser der Märzrevolution 1848 wurde. In der »Traumdeutung« beschreibt Freud einen damit zusammenhängenden Traum, den er auf einer Zugfahrt in den Urlaub nach Bad Aussee hatte. Weil der Zug über Nacht ging, hatte er ein Schlafabteil, in dem sich zu seinem Ärger jedoch keine Toilette befand. Als er mitten in der Nacht aufwachte, drängte ihn seine Blase, was Einfluss auf seinen Traum genommen hatte. Ebenso mischte sich eine Begebenheit am Bahnhof, wo er den Ministerpräsidenten am Weg zum Kaiser gesehen hatte, in den Traum. Freud träumte von einer Studentenversammlung, er selbst bahnt sich seinen Weg durch unterschiedliche Szenerien und hat seltsame Begegnungen. In der Deutung seines eigenen Traumes erkannte Freud die in Emmersdorf ausgelöste Erinnerung an das Revolutionsjahr 1848 wieder, ebenso wie eine Episode aus seiner Gymnasialzeit, in der über die Donau diskutiert worden war.

Einige Jahre später schrieb er in seinem Buch »Zur Psychopathologie des Alltagslebens« über Vergessen, Versprechen und Irrtümer. Zwar entsprängen diese oft der Verdrängung, ihm selbst sei allerdings ein Irrtum aus reiner Unwissenheit passiert. Leser der »Traumdeutung« hatten ihn darauf aufmerksam gemacht: Als er in der Wachau war, hatte er in Emmersdorf den letzten Lebensort Fischhofs vermutet und war damit einem Irrtum erlegen, denn der Revolutionär hatte seinen Lebensabend im Kärntner Emmersdorf verbracht.

Adresse 3644 Emmersdorf | **Anfahrt** B 3 bis Emmersdorf | **Tipp** Die Kolomanistiege führt vom schmucken Ortskern zum Hochplateau des Ortes. Auf halber Höhe können Sie bei der Statue des heiligen Koloman rasten und den Ausblick über die Dächer von Emmersdorf genießen.

23 Das Viadukt

Arbeitsloses Wahrzeichen

Mit seinen hoch aufragenden Bögen wirkt es so, als halte es Emmersdorf, durch dessen Mitte ein tiefer Taleinschnitt verläuft, wie eine große Klammer zusammen. Nähert man sich von der Donau aus, fällt es erst auf, wenn man sich direkt darunter befindet. In seiner ganzen Ausdehnung lässt sich das Viadukt am besten vom Platz vor der Pfarrkirche aus betrachten. Wer dort ausharrt in der Hoffnung, auch noch einen Zug über das imposante Eisenbahnbauwerk fahren zu sehen, wird enttäuscht werden.

Seit der letzte Personenzug darübergerollt ist, sind bereits einige Jahre ins Land gezogen. Der durchgängige Bahnverkehr auf der Donauuferbahn wurde – zum Leidwesen von Eisenbahnliebhabern und Einheimischen – eingestellt, die Gleiskörper im benachbarten Nibelungengau stellenweise bereits abgetragen.

Donauabwärts ist die Eisenbahnwelt noch in Ordnung. Nur wenige hundert Meter vom Viadukt entfernt befindet sich der Bahnhof Emmersdorf. Von dort verkehrt die Wachaubahn auf dem letzten Streckenabschnitt der Donauuferbahn bis Krems. Donauaufwärts ist das Viadukt eine Verbindung ins Nichts, zumindest was die Eisenbahn betrifft. Obwohl im eigentlichen Sinne arbeitslos, macht sie sich gut als Wahrzeichen von Emmersdorf.

Die Donauuferbahn wurde bei ihrem Bau Anfang des 20. Jahrhunderts sorgsam in die Landschaft eingegliedert, oft auf Tuchfühlung mit Häusern und Gärten. 1908 befand sich eine Großbaustelle über den Dächern der Menschen in Emmersdorf, bis ein Jahr später die ersten Züge fahren konnten. Hoch über den Taleinschnitt ragten die hölzernen Baugerüste, auf denen mutige Arbeiter ohne Höhenangst die Bögen mauerten. Die Erdarbeiten waren nicht weniger spektakulär. Als die Arbeiter beim Graben einen Keller freilegten, hoben sie einen richtigen Schatz. Im verborgenen Gewölbe waren 500 Jahre lang Tongefäße, gefüllt mit Gold- und Silbermünzen, gelagert gewesen.

Adresse 3644 Emmersdorf | Anfahrt B 3 bis Emmersdorf, abzweigen in Richtung Kirchenberg | Tipp Elisabeth Seitner näht in ihrer Teddybärenwerkstatt Bären in allen Größen. Besichtigung und Verkauf nach Voranmeldung unter Tel. 02752/71726

24 Der Zellergraben

Ausflug in den Boden

Buchstäblich tief hinein in die Landschaft gelangt man, wenn man durch den Zellergraben geht. Stellenweise ragen die Lösswände zu beiden Seiten zwölf Meter in die Höhe. Schaut man nach oben, sind dort nur mehr die Bäume am Rand der Schlucht und der Himmel zu sehen.

Entstanden ist der Hohlweg durch die intensive Wegnutzung. Durch Begehen und Befahren grub er sich allmählich immer tiefer in den Boden. Wenn in den von Wagenrädern gebildeten Spurrillen das Regenwasser abrann, schwemmte es jedes Mal Teile des weichen Bodens mit, und die Wegsohle vertiefte sich. Kein Wunder, dass sich ältere Einheimische noch an einen weit weniger tiefen Zellergraben erinnern können.

Löss besteht aus dem Mehl der Gesteine. Für seine Entstehung sind die Kaltzeiten verantwortlich. Durch den Frost verwitterte das Gestein. Das Mahlen nahmen die Gletscher vor. Der Wind verblies das feine Material aus den Flussebenen, wo es keine schützende Vegetation gab, in die nähere Umgebung, in der es sich ablagerte. Der Mensch siedelte seit der Steinzeit in der Nähe von fruchtbaren Lössböden. Wo es Löss gibt, ist auch der Wein nicht weit entfernt. Die Trauben des Grünen Veltliners gedeihen auf dem nährstoffreichen, kalkhaltigen Boden geradezu ideal und nehmen die leicht verfügbaren Mineralien aus dem feinkörnigen Untergrund in ihren Geschmack auf. Nicht selten finden sich Kellergassen oder Weinkeller in Hohlwegen, wie auch in Furth, wo der Kellergraben in den Zellergraben mündet.

Von seinem Ausmaß her ist dieser Hohlweg ein Gigant, weshalb er als Naturdenkmal unter Schutz gestellt wurde. Vom Wow-Faktor einmal abgesehen, gibt es nicht wenige Pflanzen und Tiere, die ihn als Lebensraum benötigen. Dazu gehören der blau blühende Lein und Waldhyazinthen, Äskulapnattern, die stark gefährdeten Ziesel oder die bunt gefiederten Bienenfresser, die in den Wänden nisten.

Adresse Zellergraben, 3511 Furth bei Göttweig | **Anfahrt** B 33 bis Mautern, abzweigen auf Kremser Straße, weiter auf Sankt Pöltner Straße, dann Untere Landstraße, rechts abzweigen auf Kellergraben | **Tipp** In Steinaweg bei Furth befindet sich das Altmanni-Bründl, wo der Sage nach drei Studenten Rast machten. Sie hatten die Vision, Bischöfe zu werden und je ein Kloster zu gründen – tatsächlich erbauten sie später Stift Göttweig, Stift Lambach und Stift Admont.

25 Der Falcoplatz

»Lass diese Reise niemals enden …«

Schon von Weitem ist es unverkennbar: Der größte Popstar, den Österreich je hatte, ist in Gansbach gelandet. Auf dem nach ihm benannten Falcoplatz. Dass ihm ausgerechnet im Dunkelsteinerwald, fernab der Orte seiner großen Erfolge, ein Denkmal gesetzt wurde, hat familiäre Gründe. Falcos Eltern trennten sich, als er acht war. Die Mutter spielte in der Öffentlichkeit eine große Rolle. Der Vater, dem er verblüffend ähnlich sah, führt in Gansbach ein zurückgezogenes Leben. Falco besuchte ihn regelmäßig. Obwohl die beiden unterschiedlicher nicht hätten sein können, pflegten sie ein gutes Verhältnis zueinander.

Das Kunstwerk, das seit dem Jahr 2018, 20 Jahre nach Falcos frühem Tod, nun an ihn erinnert, stammt von der Künstlerin Katrin Plavčak. Sie gab ihm den Titel »Kommt der Komet oder kommt er zu spät« nach einer Textzeile aus dem Lied »Nur mit dir«. Es stammt aus seinem zweiten Studioalbum »Junge Roemer«, das bis heute als Meilenstein gilt und Falco als Sprachkünstler auswies. Die Skulptur zeigt Falco in lässig exaltierter Pose eigentlich zweimal, in Form einer weißen und einer schwarzen Silhouette aus Stahl, die ineinandergeschoben sind. Licht und Schatten waren ein Lebensthema von Falco, der nicht nur Kunstfigur, sondern auch ein normaler Mensch mit dem bürgerlichen Namen Hans Hölzel war.

Der im Titel angesprochene »Komet« symbolisiert für die Künstlerin das Auf und Ab seines intensiven Lebens, weil ein Komet, während er ständig um die Sonne kreist, allmählich an Masse verliert. In Form eines dunklen Serpentiniten aus dem Dunkelsteinerwald liegt er neben der Skulptur.

Wenn in Gansbach nächtens die Straßenlaternen angehen, wird der Falcoplatz in ein rötlich violettes Licht getaucht, das die gesamte Szenerie in eine Bühne verwandelt. In der Mitte tanzt Falco. Wer hört da nicht plötzlich seine Stimme: »Junge Römer – die Nacht ist jung wie ihr …«

Adresse Falcoplatz, 3122 Gansbach | **Anfahrt** B 33 bis Aggsbach Dorf, L 162 bis Gansbach, links abzweigen auf Hauptstraße | **Tipp** Die Pfarrkirche Gansbach ist mit einem Seitenaltarbild des Malers »Kremser Schmidt« ausgestattet, das Hochaltarbild stammt von einem seiner Schüler.

26 Der Keltenstein

Objekt mit vielen Fragezeichen

Nebulös ist ihre Herkunft und rätselhaft ihr Erscheinungsbild. Die steinerne Stele, welche an der Südseite der Kirchenmauer steht, wirft Fragen auf, seit sie 1973 beim Neubau der Sakristei gefunden wurde. Die Bezeichnung Keltenstein deutet lediglich auf eine von vielen vagen Spekulationen über ihren ursprünglichen Zweck hin. Demnach wurde der Stein 300 vor Christus von einem Druiden aufgestellt, der ihm einen Weltenbaum einmeißelte.

Ebenso könnte der Stein romanischen oder slawischen Ursprungs sein. Dass er nicht aus der Umgebung stammt, beweist seine Beschaffenheit aus Granit, den es in der unmittelbaren Nähe nicht gibt. Bereits die Römer nutzten den in der Region vorhandenen Marmor für Grabsteine und Straßenschilder.

Einer der zahlreichen historischen Deutungsversuche bringt den Stein mit den Ursprüngen von Gerolding in Verbindung, erstreckt sich aber auch weit in die Sagenwelt hinein. Demnach geht der Ortsname auf Gerold II. zurück, der von seinem Schwager Kaiser Karl dem Großen zum Präfekten über Bayern ernannt wurde. Gerold II. war eine viel beschriebene Person mit identitätsstiftender Wirkung und taucht sogar in den Büchern der Gebrüder Grimm auf. In einer niederösterreichischen Sage wird erzählt, dass er mit seinen drei Töchtern ein Schloss im Dunkelsteinerwald bewohnt habe. Nachdem er von den Awaren getötet worden war, versank das Schloss im Boden, und die Töchter verschwanden mit ihm. Ahnungslosen Wanderern sollen die Frauen in Geistergestalt bis heute das Blut zum Gefrieren bringen.

Tatsache ist, dass einer von Gerolds Sitzen im nahen Sankt Pölten war. Auch in Gerolding dürfte es eine Burg in seinem Einflussbereich gegeben haben. Die Pfarrkirche soll auf den Resten der Burgkapelle entstanden sein. Lag der Stein auf Gerolds Familiengrab? Die Wahrheit, das wussten schon die Römer, ist eine Tochter der Zeit. Insofern könnte sie vielleicht eines Tages ans Licht kommen.

Adresse Friedhof bei der Pfarrkirche, 3392 Gerolding | **Anfahrt** B 33 bis Schönbühel, L 5356 bis Gerolding, der Straße folgen bis zur Abzweigung auf den Kirchenberg | **Tipp** An der Route 3 des tut-gut-Wanderweges liegt ein gut erhaltener Kalkofen. Schaubilder informieren über die Kunst des Kalkbrennens.

27 Der Steinkreis

Operation Hinkelstein reloaded

Es gibt Bauwerke, die stammen aus anderen Zeiten, und es gibt solche, die imitieren einen Baustil aus der Vergangenheit. Manchmal lässt sich mit bloßem Auge erkennen, was ein Imitat ist und was original. Ein Steinkreis, der zwischen Wäldern und Hügeln im Dunkelsteinerwald steht, kann da ganz schön Verwirrung stiften, ist es doch sehr ungewöhnlich, auf ein Megalith-Bauwerk jüngeren Datums zu treffen.

Im Unterschied zu Steinkreisen wie Stonehenge in England gibt es hier eine klare Antwort auf die sonst rätselhaften Fragen nach Erbauer, Bauweise, Errichtungszeitraum und genauem Zweck. Der ortsansässige Künstler und ehemalige Lehrer Wilhelm Cerveny schuf zwischen 1988 und 1999 mit 34 Tonnen Gesteinsmaterial eine Fusion aus Megalith-Bauwerk und keltischem Heiligtum. Nach jahrelanger Beschäftigung mit den Spuren der Kelten im Dunkelsteinerwald war er zu dem Schluss gekommen, dass deren kulturelle Wurzeln in die Zeit der 5.000 Jahre alten Steinbauten zurückreichen mussten.

Die Steinallee, die ins Innere des Steinkreises führt, wirkt wie eine archaische Prozessionsstraße. Sie folgt dem Weg der Sonne von Ost nach West auf einer perfekt gemähten Wiese, flankiert von bedeutsamen Pflanzen der Kelten. Der Steinkreis ist als Kalenderbauwerk angelegt. Die vier Hauptsteine zeigen per Schattenwurf exakt den Beginn einer neuen Jahreszeit. In der Mitte ist eine Triskele zu erkennen, die quer durch die verschiedenen Kulturen jeweils andere Bedeutungen hat – bei den Kelten symbolisiert sie unter anderem Geburt, Leben und Tod.

Im Laufe der Zeit schuf Cerveny einen Steinpark. Oberhalb des Kreises findet sich ein Dolmen, ein häuschenartiges Steinbauwerk, das ursprünglich als Grabstätte genutzt wurde. Der Sprung in die Gegenwart und vom Kultplatz zum Kunstplatz gelang Cerveny mit zeitgenössischen Skulpturen, die er ein Stück unterhalb aufstellte.

Adresse unterhalb des Hauses Nummer 2, 3122 Geyersberg | Anfahrt B 33 bis Aggsbach, abzweigen nach Aggsbach Dorf, links auf L 162, dann L 109 bis Nesselstauden, dort abzweigen nach Geyersberg | Tipp Der Dunkelsteinerwald ist ein mystischer Ort: Auf dem alten Kremser Steig zwischen Mautern und Oberwölbling liegen im Wald die sogenannten Sieben Marksteine. Ob diese unbehauenen Steine eine keltische Kultstätte markieren, Kalender- oder Grenzsteine sind, ist nicht bekannt.

28 Die Burgkirche

Letzte Ruhestätte der unfröhlichen Kinder

Wer auch immer diesen Ort betritt, hat eine Assoziation. Für die einen ist es etwas Mystisches, für die anderen etwas Romantisches, wieder andere wähnen sich in einer Filmkulisse. Die verfallene Burgkirche mit ihrem für die Wachau typischen, spitz zulaufenden Turmhelm versprüht das Flair längst vergangener Geschichte.

Aus heutiger Sicht befinden sich die Reste von Burg und Kirche in einem verborgenen Winkel, hinter den letzten Häusern am Ende der Straße. Im 10. Jahrhundert verlief durch das eng zulaufende Felbringtal ein Handelsweg, der das Waldviertel mit der Wachau verband. Solche Wege wurden mit Wehrbauten abgesichert. Vermutlich war ein Mann namens Gossi der Erbauer der Burg. Er ist dem Ort im Namen noch erhalten geblieben, wenngleich sich ein paar Buchstaben verschoben haben: von »Gossis Heim« zu »Gossam«.

Lange war die Burg nicht in Betrieb. Sie begann zu verfallen, während die dem heiligen Pankratius geweihte kleine Kapelle sich zum Pilgerziel entwickelte und in mehreren Phasen erweitert wurde. Kaum war der Pilgerstrom abgeflaut, wurde verkleinert – ein bauliches Hin und Her, das an den Mauern der Ruine noch immer erkennbar ist.

Die letzten Messbesucher Ende des 18. Jahrhunderts dürften von den überwachsenen Resten der ehemaligen Burganlage nichts gewusst haben. Bis Anfang des 20. Jahrhunderts hatte die Kirche noch ein Dach und eine Menge gut erhaltener romanischer Fresken. Erst 90 Jahre später begann eine penible wissenschaftliche Aufarbeitung des Ortes. Im Rahmen derer fand man in den Felsspalten die Gebeine von 31 Kindern. Diese »unfröhlichen Kinder«, wie sie genannt werden, sind knapp vor oder nach ihrer Geburt verstorben. Weil sie nicht getauft waren, blieb ihnen ein Platz in geweihter Friedhofserde verweigert. In der Hoffnung, dass sie das vom Dach stürzende Regenwasser taufe, wurden sie entlang der Kirchenmauer bestattet.

Adresse 3644 Gossam | Anfahrt B 3 bis Schallemmersdorf, L 7145 bis Gossam, links abzweigen auf L 7156, dann den Weg entlang des Felbringbaches gehen | Tipp Zwischen Emmersdorf und Gossam hat der Labyrinthbauer Gernot Candolini 80 Tonnen Donausteine zu einem frei zugänglichen kretischen Steinlabyrinth gelegt.

29 Das ungenutzte Bett

Napoleons Besuch in Göttweig

»*Je l'espère fort*« – was so viel heißt wie »Ich hoffe es doch stark« –, antwortete Napoleon Bonaparte dem Prior des Stiftes Göttweig auf die Frage, ob es Hoffnung auf einen baldigen Frieden gäbe. Es war der 8. September 1809, als der französische Herrscher mit dem Geistlichen beim Frühstück saß. Weil er, wie es heißt, bei den Verwundeten seiner Armee im Lazarett hatte übernachten wollen, war das Schlafgemach, das man ihm hergerichtet hatte, unbenutzt geblieben. Nur das Frühstück wurde dort eingenommen. Dem Anlass entsprechend wurde das Porzellanservice des damaligen Abtes Leonhard Grindberger benutzt, das heute zur Erinnerung im Zimmer ausgestellt ist.

Österreich befand sich Anfang des 19. Jahrhunderts inmitten einer Reihe von kriegerischen Auseinandersetzungen mit Frankreich. Bereits 1805 war die Gegend von französischen Truppen überschwemmt gewesen, die Rohstoffe, Nahrungsmittel und Pferde für sich beanspruchten. Von Mai bis Dezember 1809 wiederholte sich die Situation. Für Göttweig wurde es allerdings noch schlimmer. Wurde das Kloster doch von den französischen Truppen besetzt und als Kaserne und Lazarett genutzt.

Zum Zeitpunkt von Napoleons Besuch hatte Abt Grindberger das Stift schon einige Jahre lang durch harte Zeiten navigiert. Kein Wunder also, dass die Patres den französischen Herrscher um Erleichterung baten, wofür er der Überlieferung nach sogar Verständnis zeigte. Beim Verlassen des Klosters gab Napoleon dem Küchenpersonal ein fürstliches Trinkgeld. Später vermerkte der Prior, dass »seine Gegenwart in unseren bedrängten Umständen uns mehr zum Troste gereichte als zu einer Last gewesen«.

Der Frieden, den sich die Patres erhofft hatten, ließ tatsächlich nur ein paar Monate auf sich warten. Der Preis, den das unterlegene Österreich zu zahlen hatte, war allerdings hoch und verlangte den Klöstern sämtliche Gold- und Silberreserven ab.

Adresse Museum des Stiftes Göttweig, 3511 Stift Göttweig | **Anfahrt** B 33 bis nach Mautern, dann L 100 bis zur Abzweigung nach Stift Göttweig | **Öffnungszeiten** März–Okt. täglich 10–18 Uhr, Nov. täglich 10–17 Uhr | **Tipp** Übernachten Sie im Gästehaus des Stiftes Göttweig und genießen Sie die kontemplative Stimmung, mit Blick auf die Wachau. Buchungen unter www.stiftgoettweig.at

30 Die Rupertiwinzer

Was macht Salzburg in der Wachau?

Arnsdorf ist nach Arno, dem ersten Salzburger Erzbischof benannt. König Ludwig der Deutsche, der mit aufständischen Grenzadeligen zu kämpfen hatte, belohnte Salzburg für seine Treue. Er beschenkte Erzbischof Adalwin, einen Nachfolger Arnos, mit 24 Landgütern. Aus einem davon entstanden die vier Arnsdörfer – Oberarnsdorf, Hofarnsdorf, Mitterarnsdorf, Bacharnsdorf – und St. Johann im Mauerthale. Sie blieben fast 1.000 Jahre lang im Besitz von Salzburg. Im 14. Jahrhundert wurde Salzburg zum Fürsterzbistum und war ein geistlich regierter Ständestaat im Heiligen Römischen Reich. Erst mit der Säkularisierung, die Napoleon Bonaparte als Folge der Französischen Revolution vorantrieb, musste der bereits im Wiener Exil lebende Fürsterzbischof abdanken, und die Salzburger Besitzungen in den Arnsdörfern verfielen. Erhalten sind die historischen Spuren, wie etwa der Salzburgerhof in Oberarnsdorf oder die Hofarnsdorfer Pfarrkirche, die dem heiligen Rupert, dem Salzburger Landespatron, geweiht ist.

Eine äußerst aktuelle Spur der Salzburger Geschichte findet sich auf so mancher Weinflasche. Der Bischofsstab des heiligen Rupert ist das Zeichen der Rupertiwinzer. Diese formierten sich im Jahr 2003, also genau 200 Jahre nach der Loslösung von Salzburg. Hergestellt werden neben den typischen Wachauer Weinsorten auch ein Rupertiwein, bei dem es sich immer um einen Grünen Veltliner Federspiel handelt, und der sogenannte »Arnsdorfer Wahnsinn«, ein Grüner Veltliner Frizzante.

Walter Lahrnsteig ist eines der zehn Gründungsmitglieder der Rupertiwinzer. Das Weingut, das er mit Ehefrau Martina und Sohn und Jungwinzer Walter betreibt, ist ein Geheimtipp auf der ruhigen Donauseite – vor allem wenn dort »ausg'steckt« ist. Im Heurigenlokal wie auch im Gastgarten zwischen Marillenbäumen und Weinrieden kann man die lange Salzburger Geschichte bei einem Glas Rupertiwein Revue passieren lassen.

Adresse Weingut Lahrnsteig, Nummer 39, 3621 Hofarnsdorf | **Anfahrt** B 33 bis Hofarnsdorf | **Öffnungszeiten** nach telefonischer Voranmeldung unter Tel. 0676/9715034 oder zu den Heurigenterminen (www.lahrnsteig.at) | **Tipp** Besuchen Sie auch die anderen Rupertiwinzer und kosten Sie sich durch das Sortiment (www.rupertiwinzer.at).

31 Das Hiatahaus

Wächter der Trauben

Sobald die Weintrauben zu reifen begannen, begaben sie sich auf die Hut. Davor noch wurden sie amtlich vereidigt. Weingartenhüter konnte nur sein, wer eine reine Weste und ein friedliches und solides Gemüt hatte. Die Bewachung der kostbaren Weintrauben war bis ins letzte Detail geregelt und wurde von einem Hütervater kontrolliert. Gewaltanwendung erlaubten die Hüterordnungen in der jüngeren Vergangenheit nicht. Ebenso durften in der Hutzeit Gaststätten nicht aufgesucht werden, und selbst Besuche waren genau geregelt, um Ablenkungen zu vermeiden. Die Hüter lebten für einige Wochen in den Weingärten. Schließlich war es wichtig, sich sowohl auf menschliche Traubendiebe als auch auf die gefiederten zu konzentrieren und diese gegebenenfalls rechtzeitig zu vertreiben.

Vom Mittelalter bis zur Mitte des 20. Jahrhunderts waren die Weintraubenwächter anzutreffen. Das Wirken der »Hiata«, wie sie genannt wurden, war mit Bräuchen nur so gespickt, ihr jährlicher Ein- und Auszug wurde feierlich begangen. Der Hüterstern, auf manchem Hüterhaus zu finden, stellt den schmuckvollen Höhepunkt der Tradition dar. Nichtsdestotrotz war das Weingartenhüten eine äußerst ernsthafte Angelegenheit. Die Hüter hatten dazu ein ganzes Arsenal von gefährlich klingenden Gegenständen und Waffen wie Peitsche, Axt, Säbel und Stock, wie sie schon von Grenzern und Jägern benutzt wurden – Feuerwaffen waren verpönt. In der Wachau war der Stock das verbreitete Arbeitsgerät. Mit Pfeife und Horn verständigte man sich in den weitläufigen Weinbergen.

Am Beginn ihrer Tätigkeit zogen die Hüter in ihre Häuschen und stellten als sichtbares Zeichen ihrer Anwesenheit einen Stock mit einem Büschel Wermut vor die Tür. Die Büschel, die sie in der Wachau auch als Hutschmuck verwendeten, brachten sie daraufhin an den Zugängen zum Weingarten an. Das hieß: Bis hierher und nicht weiter!

Adresse Weinbergstraße, 3610 Joching | **Anfahrt** B 3 bis Joching, abzweigen auf Weinbergstraße, der Straße bis zur Kreuzung mit dem Weinweg folgen | **Tipp** Kosten Sie in einem der zahlreichen Weingüter den Riesling, der hier in Joching auf die urkundlich erwähnte Riede »Ritzling« aus dem 13. Jahrhundert zurückgeht.

32_Der Donaupegel

Alles fließt!

Es gibt Orte, die kennt man vorwiegend aus den Medien. In der Regel handelt es sich dabei um stark frequentierte Knotenpunkte, die täglich im Rahmen der Verkehrsberichterstattung im Radio genannt werden. An manchen dieser Orte ist man selbst noch nie gewesen. Ähnlich verhält es sich mit dem Donaupegel Kienstock. In der Berichterstattung taucht er dann auf, wenn die Donau durch Hoch- oder Niedrigwasser in den Fokus der Medienöffentlichkeit rückt. Wie etwa im Jahr 2002, als die Donau am Pegel Kienstock die Zehn-Meter-Marke überschritt, weit über die Ufer hinaustrat und ganze Ortsteile verschlang. Nur elf Jahre später kam die Flut erneut. In einigen Gemeinden hatte man bereits einen Hochwasserschutz errichtet, dort, wo das nicht der Fall war, stellte sich ein enormes Schadensausmaß ein.

An der Messstation werden laufend Wasserstand, Durchflussmenge und Temperatur gemessen. Daraus wird der durchschnittliche Wasserstand ermittelt und eine Prognose für die nächsten Stunden und Tage erstellt. Relevant sind diese Daten vor allem für die Schifffahrt.

Je nach Jahreszeit und Witterung nimmt die Donau unterschiedliche Form an. Gibt es wenig Niederschlag, dann werden die Strände breiter, und große Schotterbänke treten zutage. Für die Schifffahrt kann es dann kritisch werden. Denn nicht nur wenn der Pegel steigt, sondern auch wenn er sinkt, kann das Gewässer schwer schiffbar werden. Dann heißt es: Ladung reduzieren oder auf Regen warten.

Dass der Pegel Kienstock bei Flusskilometer 2015,21 liegt, mag bei genauerer Betrachtung irritieren. Der Ursprung im deutschen Donaueschingen ist nur etwa 800 Stromkilometer entfernt. Die Situation erklärt sich daraus, dass die Donaukilometer, im Unterschied zu anderen Flüssen, gegen den Strom gezählt werden und sich ihr Nullpunkt an der Mündung am Schwarzen Meer in der rumänischen Stadt Sulina befindet.

Adresse 3602 Kienstock | **Anfahrt** B 33 bis Kienstock, Pegel bei Flusskilometer 2015,21 | **Tipp** Der Gastgarten der Flößerei in Rossatz bietet einen tollen Blick auf die Ruine Dürnstein und den markanten blauen Kirchturm.

33__Die Stromboje

Kraftwerk mit Flosse

Wer kennt nicht Daniel Düsentrieb? In puncto Genialität steht Fritz Mondl, der Erfinder der Stromboje, dem Diplom-Ingenieur mit dem Hühnerschnabel in nichts nach. Nur dass Mondls Erfindung im wirklichen Leben nach zwölf Jahren Forschungsarbeit endlich funktioniert.

Aus der Donau ragt nur eine weiße Flosse. Der zehn Meter lange und drei Meter hohe Stahlkörper, der im Trockenen aussieht wie ein U-Boot, befindet sich unter Wasser und ist über ein Seil mit einem Anker im Flussboden verbunden. Während man vom Ufer aus die Flosse in der Strömung schwimmen sieht, produziert das kleine Laufkraftwerk ununterbrochen Strom. Es verhält sich ähnlich wie bei einem Windrad, nur mit dem Vorteil, dass das Wasser keine Flaute kennt und den Rotor der Stromboje ohne Unterbrechung antreibt. Durch die langsame Umdrehung können Fische gefahrlos hindurchschwimmen, wenn sie wollen.

Die Idee zu seiner umweltfreundlichen Erfindung hatte Mondl zufällig, als er am Donauufer saß, eine Boje beobachtete und überlegte, wie er diese Energie nutzen könnte. In der Wachau traf er damit einen Nerv. Als Anfang der 1970er Jahre ein Wasserkraftwerk im Herzen der Wachau hätte gebaut werden sollen, gingen die Einheimischen auf die Barrikaden. Der heute noch aktive Arbeitskreis zum Schutz der Wachau wurde gegründet, Unterschriften gesammelt und unermüdlich mit den Politikern verhandelt. Hätten sich die Wachauer nicht durchgesetzt und den Kraftwerksbau verhindert, würde heute zwischen Dürnstein und Rossatz eine Staumauer prangen, und die alte Kulturlandschaft wäre ruiniert.

Die Donau fließt in der Wachau nach wie vor ungestaut und frei, was für die Stromboje die richtigen Bedingungen bietet. Nachdem sie dort einige Jahre lang getestet wurde, wird sie mittlerweile in Serie hergestellt. Mit einer Stromboje lassen sich 70 Haushalte mit Energie versorgen, mit 300 wäre die gesamte Wachau energieautark.

Adresse 3602 Kienstock | Anfahrt B 33 bis Kienstock, beim EVN-Haus stehen bleiben und dem Weg zur Donau folgen | Tipp Die Wachau lässt sich auf beiden Seiten der Donau herrlich mit dem Fahrrad erkunden.

34 Frau Avas Areal

Erste Literatin mit Frauenpower

»Diese Bücher dichtete die Mutter zweier Kinder …« ist der Beginn des letzten Absatzes, der mit den Worten »… das ist AVA« schließt. Die erste Dichterin in deutscher Sprache schuf ihr Werk vermutlich im Frauenkloster am Fuß des Göttweiger Berges.

Frau Ava wurde 1060 geboren. Sie war gebildet, führte ein Leben als verheiratete Adelige und hatte zwei Söhne, die wahrscheinlich theologische Bildung erfuhren. Nach dem Tod ihres Mannes entschied sie sich für ein Dasein als Klausnerin. Das Inklusinnentum war damals weit verbreitet. Dabei zogen sich religiöse Frauen in eine Zelle im Umfeld eines Klosters zurück – zum Gebet oder auch zum Schreiben. Frau Ava beschäftigte sich in ihren Schriften mit biblischen Themen wie dem Leben und Tod Johannes des Täufers oder dem Leben Jesu von der Geburt bis zur Auferstehung. Sie wandte sich aber auch den mystischen und düsteren Themen zu. Im »Antichrist« zeichnet sie ein Bild der Apokalypse, gefolgt vom »Jüngsten Gericht«, in dem sie die Wiederkehr Christi schildert.

Bei aller Frömmigkeit waren Avas Schriften für damalige Verhältnisse geradezu revolutionär, weil sie den Menschen Empathie entgegenbrachte und Verständnis für ihre Sorgen zeigte. Ihre Schriften quittierte sie mit ihrem Namen, ein starkes Statement einer selbstbewussten Frau, die schon in ihrer Zeit keine Unbekannte gewesen sein dürfte. Ihr Todestag ist in den Chroniken gleich mehrerer Klöster wie Melk, Klosterneuburg und Zwettl verzeichnet.

Von seiner Grundstruktur her lässt sich das Areal des ehemaligen Frauenklosters, das gleichzeitig mit dem Göttweiger Männerkloster gegründet wurde, noch erahnen. Das Portal befand sich am Eingang der heutigen Klostergasse. An deren Ende stand als Abschluss des Gebäudekomplexes eine Mühle für die klostereigene Bäckerei. In Klein-Wien erinnern der Ava-Turm sowie die Avastraße und ein Literaturpreis an die berühmte Dichterin.

Adresse Klostergasse, 3511 Klein-Wien | Anfahrt B 33 bis nach Mautern, dann L 100 bis Paudorf, rechts abzweigen und der Hauptstraße bis Klein-Wien folgen | Tipp Das Haus Avastraße 22 ist Österreichs erstes Betonhaus, das der Jugendstil-Architekt Carlo von Boog im Jahr 1901 für sich selbst erbaut hat.

35 Das Arbeiterwohnhaus

Zimmer, Küche, Kabinett

Virginier hießen die Zigarren, die im ganzen Land beliebt waren. In Krems wurden sie von 1850 bis Anfang der 1990er Jahre hergestellt – in Handarbeit von bis zu 800 Arbeiterinnen. Die Tabakfabrik war für Frauen aus Krems und Umgebung einer der wichtigsten Arbeitgeber. Der Alltag war für die Arbeiterinnen nicht immer einfach zu bewältigen, besonders wenn noch Familie und Kinder unter einen Hut zu bringen waren und ein längerer Arbeitsweg anstand. Vergleicht man die Situation von Arbeiterinnen im 19. Jahrhundert mit der heutigen, dann sieht man die Unterschiede – viele Rechte mussten mühsam erkämpft werden, besonders in einem männlich dominierten Umfeld.

Die Österreichische Tabakregie, die später zur Austria Tabak wurde, war in sozialer Hinsicht allerdings ein Vorreiter. Es gab betriebliche Fürsorge, eine kleine Kranken- und Invalidenversicherung, einen Betriebsarzt, eine Werksküche, ein Arbeiterinnenbad und Kinderbetreuungseinrichtungen. Ende des 19. Jahrhunderts war man sich vonseiten der Tabakregie bewusst, dass mehr als die Hälfte der Arbeiterinnen unter schlechten Bedingungen lebte – oft zu fünft in Ein-Zimmer-Wohnungen, die in Donaunähe feucht von den oftmaligen Überschwemmungen waren. Hinzu kam ein akuter Wohnungsmangel.

In den 1920er Jahren begann die Tabakregie mit dem Bau von Wohnhäusern, in denen Beschäftigte gegen deutlich niedrigeren Zins als am Markt üblich wohnen konnten. Damit verbesserte sich die Lebensqualität der Arbeiterinnen schlagartig.

Architekt Ludwig Tremmel schuf in der Gaswerkgasse 5 eine besonders schöne Wohnhausanlage mit Innenhof, die sowohl moderne als auch expressionistische und dekorative Züge trägt. In den drei Flügeln befanden sich in der ursprünglichen Aufteilung 53 Wohnungen. Die meisten setzten sich aus Zimmer, Küche und einem Kabinett zusammen. Hackplatz, Waschküche und Bügelkammer wurden gemeinschaftlich genutzt.

Adresse Gaswerkgasse 5, 3500 Krems | Anfahrt B 3 bis Krems, über Austraße auf Ringstraße, links auf Kaiser-Friedrich-Straße und weiter in die Gaswerkgasse | Tipp Im Haus Steiner Landstraße 74 wurde 1681 die Großmutter von Wolfgang Amadeus Mozart geboren. Begeben Sie sich auf die Spuren von Mozart, Ludwig Ritter von Köchel und Franz Liszt in Krems (www.musikinkrems.at).

36_Der Eisstoß

Arktische Zustände an der Donau

Der kleine Gedenkstein an der Innenseite des Steiner Tores fällt kaum auf. Wer seine Inschrift liest, erfährt von einer Naturkatastrophe mit ungewöhnlicher Ursache. Sie kam mit Donner und Getöse. Auf der Donau türmten sich Eismassen. Sie sperrten den Durchfluss wie eine Staumauer. Das Wasser trat über die Ufer, flutete Straßen und Häuser. In Windeseile flohen die Menschen in Obergeschosse und auf Dächer. Die Jahrhundertflut schwoll erst nach zwei Wochen wieder ab. Was die Kremser in jenem katastrophalen Jänner 1573 erlebten, beschrieben sie als »erschreckliche Eißgiß«.

Mitte des 16. Jahrhunderts herrschte in Europa die kleine Eiszeit. Die Klimaschwankung, die durch rege vulkanische Aktivität und geringere Sonneneinstrahlung hervorgerufen wurde, dauerte bis ins 19. Jahrhundert an. Die Abkühlung führte nicht nur zu Ernteausfällen und Hungersnöten, sondern auch zu Weltuntergangsstimmung und gesellschaftlichen Umbrüchen.

Die Winter konnten hart und lang sein. Häufiger als in der Gegenwart kam es vor, dass man die zugefrorene Donau trockenen Fußes überqueren konnte. Wird die Eisdecke im Fall einer raschen Erwärmung rissig, dann sieht der Flusslauf aus wie eine Landschaft im hohen Norden. Eisschollen treiben so lange donauabwärts, bis ein Hindernis im Weg ist oder ein noch gefrorener Abschnitt auftaucht. Dann kann es vorkommen, dass sich das Treibeis türmt und im schlimmsten Fall einen Damm bildet.

Diese »Eisstöße« waren in der Vergangenheit kein seltenes Spektakel. Bei Aggsbach Markt sollen sich die Schollen am Weihnachtstag 1879 »kirchturmhoch« gestapelt haben und erst durch gewaltigen Eisnachschub unter großem Getose wieder eingestürzt sein. Die arktischen Szenen waren nicht nur bedrohlich, sie gaben auch ein skurriles Bild ab und luden Wagemutige zum Klettern ein. Ein anderes Mal fror ein Eisstoß ein und löste sich erst mit dem Tauwetter wieder – ganze vier Monate später.

Adresse Steiner Tor, Obere Landstraße, 3500 Krems | **Anfahrt** B 3 bis Krems, durch die beiden Kreisverkehre an der Donaustation auf Ringstraße, links abzweigen auf Utzstraße bis zum Südtirolerplatz | **Tipp** Vor dem ehemaligen Pulverturm erinnert das »Mandl ohne Kopf« an die Besetzung von Krems durch die Schweden.

37 Der Franz-Zeller-Platz

Widerstand gegen das Naziregime

»Schwer wird mir der letzte Gang, den ich gehen muss, aber es muss sein …«, schrieb Franz Zeller in seinem Abschiedsbrief. Zu diesem Zeitpunkt war der Arbeiter ein gebrochener Mann. Ferdinand Strasser rief im Angesicht des Todes: »Es lebe die Sowjetunion! Rotfront!« Gemeinsam mit ihrem Mitstreiter Johann Hofmann wurden die beiden am frühen Abend des 30. September 1942 hingerichtet. Sie wurden Opfer des nationalsozialistischen Terrorregimes.

Franz Zeller war Hilfsarbeiter. Mitte der 1920er Jahre wurde er Mitglied der Sozialdemokratischen Partei und des Republikanischen Schutzbundes. Später wandte er sich den Kommunisten zu. Eine kurzzeitige Verhaftung 1933 tat seiner politischen Aktivität keinen Abbruch. Zeller wurde zu einer Anlaufstelle in Krems. Nach dem Anschluss an Nazideutschland baute er mit Johann Hofmann und Ferdinand Strasser, dem Kopf der Gruppe, ein Netzwerk des Widerstands auf. Neben der Verbreitung von Informationen sammelten sie Gelder zur Unterstützung von Familien politisch Gefangener.

1941 verhaftete die Gestapo Zeller, Strasser, Hofmann und eine Reihe weiterer im Widerstand Aktiver. Zellers Arbeitgeber, ein Nationalsozialist, versuchte für ihn zu intervenieren – kassierte dafür aber nur eine Rüge. Im Juni 1942 wurden die Todesurteile ausgesprochen.

Zwei Jahre nach Kriegsende wurde der Platz nach Franz Zeller benannt. Krems hatte ein schwieriges Erbe anzutreten. In der ehemaligen Gauhauptstadt war der Nationalsozialismus tief verwurzelt, Verbrechen wurden zunächst verdrängt. Die Widerstandskämpfer gerieten in Vergessenheit. Der Historiker Robert Streibel arbeitete die dunklen Kapitel in der Stadtgeschichte auf und erinnerte gemeinsam mit Gregor Kremser im Rahmen eines Kunstprojekts daran, wer Franz Zeller war. Die Worte, die in einer Fensternische am Franz-Zeller-Platz stehen, stammen aus seinem Abschiedsbrief.

Adresse Franz-Zeller-Platz, 3500 Krems | **Anfahrt** B 3 bis Krems, durch die beiden Kreisverkehre an der Donaustation auf Franz-Zeller-Platz | **Tipp** Die Minoritenkirche wurde nach Aufhebung des Klosters auf unterschiedliche Weise genutzt: als Salzdepot, Tabakwarenlager, Feuerwehrdepot und Ausstellungsraum. Heute ist die Kirche ein Ort für Konzerte und Klangkunst.

38 Der Freskenraum

Wo versteckt sich Buddha?

Er hieß Gozzo, war Kremser Stadtrichter, rechte Hand des Königs, gehörte im 13. Jahrhundert zu den mächtigsten Männern des Landes und verfügte über sagenhaften Reichtum. Seine zahlreichen Einkommen, darunter Zölle, Maut und Zehent, ermöglichten ihm den Bau eines palastartigen Wohnsitzes, den er nach allen Regeln der Kunst ausgestalten ließ. Nachdem der böhmische König Ottokar II. Přemysl Österreich abgeben musste und schließlich am Schlachtfeld sein Leben ließ, konnte Gozzo in der neuen Ära der Habsburger seine Stellung erhalten. 300 Jahre danach ließ ein Kremser Schlüsselamtmann die Gozzoburg zu einem Mehrparteienwohnhaus umbauen, in den repräsentativen Freskensaal einen zweiten Stock einziehen und dabei die ihm unliebsamen Malereien verschwinden.

Als die Räumlichkeiten in der jüngsten Vergangenheit generalsaniert wurden, tauchten Teile der Fresken wieder auf. Sie gehören zu den wenigen profanen Malereien aus dieser Zeit und erzählen eine antike Legende, die Eingang in unzählige Sprachen und Kulturen fand: »Barlaam und Josaphath«. Dabei handelt es sich eigentlich um die Geschichte des indischen Königssohnes Siddharta Gautama, der die Erleuchtung erlangte und zu Buddha wurde. Vom Arabischen ins Griechische und dann ins Lateinische übersetzt, kam die in der Zwischenzeit christlich gefärbte Geschichte vermutlich mit den Kreuzfahrern nach Europa, wurde abgeschrieben und in immer neuen Versionen verbreitet – bis nach Island. Christianisiert wurde Buddha zu Josaphat, der vom Eremiten Barlaam bekehrt wird und letztlich auch Königreich und Vater zum Christentum bewegt. Die Kremser Version hat eine eigene Note: Josaphat ist als Allegorie König Ottokars angelegt.

Welchen besseren Ort könnte es für die niederösterreichische Zweigstelle des Bundesdenkmalamts geben als die Burg Gozzos, in der sich auch noch ein Lokal und ein Teil der Fachhochschule Krems befinden?

Adresse Gozzoburg, Hoher Markt 11, 3500 Krems | **Anfahrt** B 3 bis Krems, über Austraße und Ringstraße auf Untere Landstraße, dann auf Hoher Markt | **Öffnungszeiten** Führungen Mitte März – Mitte Nov. Sa, So und Feiertage 14 Uhr | **Tipp** Von der Terrasse des Bistro Gozzo haben Sie einen wunderbaren Ausblick von der Gozzoburg über die Dächer von Krems.

39 Das Geburtshaus Eders

Meister der Röntgenfotografie

Es muss eine aufregende Zeit gewesen sein. Wilhelm Conrad Röntgen hatte in Würzburg gerade unsichtbare Strahlen entdeckt, mit denen er den Körper durchleuchten konnte. Rasch kam die Technologie zu Forscherkollegen nach Wien, wo Josef Maria Eder und Eduard Valenta mit den neuen Wunderstrahlen experimentierten. Sie durchleuchteten ihre Hände sowie Schlangen und Frösche und bannten die Ergebnisse gestochen scharf auf Fotopapier. Ihre »Versuche über die Photographie mittelst der röntgen'schen Strahlen« gelten als fotografische Pioniertat und trugen wesentlich dazu bei, dass die Röntgenstrahlung in der medizinischen Diagnostik bahnbrechende Ergebnisse bewirkte. Dabei waren dies lange nicht alle Leistungen von Weltrang, die Josef Maria Eder zuwege bringen konnte.

Eder wurde Mitte des 19. Jahrhunderts in Krems geboren. Seine Familie lebte zu dieser Zeit direkt am Steiner Tor und zog später zum nahe gelegenen Körnermarkt um. Während der Schulzeit im Piaristengymnasium wurde Eders naturwissenschaftliches Interesse bemerkt. In Wien studierte er Physik, Chemie und Mathematik, besuchte Lehrveranstaltungen von Größen wie Ludwig Boltzmann. Zwei Jahre vor Eders Geburt war in Wien eine der weltweit ersten fotografischen Gesellschaften gegründet worden. Der Student erkannte das Potenzial des neuen Mediums und trat der Gesellschaft bei. Den Schlüssel zur Entwicklung der Fotografie sah er allerdings in der Erforschung ihrer chemischen Grundlagen, was ihn rasch zu großen Erfolgen führte. Mit 33 Jahren war er Gründungsdirektor der »k. k. Lehr- und Versuchsanstalt für Photographie und Reproduktionsverfahren«, die er neben anderen Professuren drei Jahrzehnte lang leitete. Revolutionär waren die chemischen Verfahren, die Eder entwickelte. Erst dadurch konnten sich Fotografie und Kinematografie weiterentwickeln, industriell genutzt und für die Masse verfügbar werden.

Adresse Obere Landstraße 36, 3500 Krems | Anfahrt B 3 bis Krems, durch die beiden Kreisverkehre an der Donaustation auf Ringstraße, links abzweigen auf Utzstraße, am Südtirolerplatz das Steiner Tor passieren | Tipp Am Eck Obere Landstraße und Gaheisgasse befindet sich das ehemalige Wohnhaus des Bildhauers Matthias Schwanthaler.

40 Die Göttweigerhofkapelle

Wenn Bilderwelten zur Zeitmaschine werden

Es beginnt beim Passieren des Kremser Tores in die Altstadt von Stein: die gepflasterten Gassen, die Bogendurchgänge, die Fassaden aus dem Mittelalter und der frühen Neuzeit. Als spaziere man durch die Welt von vorgestern. Richtig mystisch wird es in der engen Göttweigerhofgasse. Dort befindet sich der ehemalige Wirtschaftshof des Stiftes Göttweig, dorthin brachten die Bauern Wein und Abgaben an das Kloster. Heute befinden sich in dem historischen Gebäudekomplex Wohnungen. Hinter einer Tür neben der ehemaligen Hofeinfahrt versteckt sich allerdings ein kleines Juwel aus der Vergangenheit.

Man steckt den schweren Schlüssel in das alte Schloss, es knarrt, die Tür schwingt auf, und man tritt ein in die Welt der Frühgotik. Über dem Vorraum stehen die Worte »Si non creditis in abyssum ibitis« (Wenn ihr nicht glaubt, geht ihr hinab in die Unterwelt). Danach wird man in Bilderwelten hineingezogen, die aus dem 14. Jahrhundert stammen. Es sind Ornamente, Fabeltiere, Szenen aus der Bibel und von Heiligen, mitunter martialisch und höchst enigmatisch. Im höher gelegenen Oratorium befinden sich die seltsamsten Motive. Eine Sitznische ist mit »törichten Jungfrauen«, die andere mit »klugen« ausgemalt, ihre Gesichtszüge sprechen Bände – von pikiert bis euphorisch. Unweigerlich starren einen die Gesichter von den Wänden an, und leicht kann es sein, dass man etwas hineininterpretiert und sich fragt: Wer waren diese Menschen, von denen sich die Künstler die Gesichtszüge ausgeliehen haben? Wie haben sie gelebt? Was hat sie geplagt? Das Mittelalter, so fern es auch ist, tritt da schnell aus den Wänden hervor. Der Hauptraum mit dem hohen Kreuzrippengewölbe entfaltet bei jedem Licht seine volle Wirkung. Hier erzählen die Fresken von der heiligen Maria. König Salomon schaut von der rückwärtigen Wand. Kein Wunder, dass man sich fragt, ob draußen wirklich noch das 21. Jahrhundert ist.

Adresse Göttweigerhofgasse 7, 3500 Krems | Anfahrt B 3 bis Krems, durch die beiden Kreisverkehre an der Donaustation auf Franz-Zeller-Platz, links auf Steiner Landstraße, rechts in Göttweigerhofgasse | Öffnungszeiten Der Schlüssel kann im museumkrems (April–Okt.) bzw. im Kulturamt Krems (Nov.–März, beide Körnermarkt 14) abgeholt werden. | Tipp Im Stadtcafé Ulrich kann man hervorragend Strudel essen – das meinte auch die New Yorker Autorin Lily Brett, als sie in Krems zu Besuch war.

41 Die Graffiti-Unterführung

Jede Stadt braucht Farbe

Freie Flächen für die Jugend! Das ist nicht immer ganz einfach in einer dicht bebauten Welt und erfordert Rücksicht von beiden Seiten. Doch farblos wären die Städte, wenn nicht Künstler, Kreative und junge Menschen den öffentlichen Raum mitgestalten würden. Beliebt ist dabei die Street-Art, jene Kunst, die an Wänden, in Durchgängen und auf Mauern zu finden ist.

Dafür, dass Jugendliche in Krems ganz legal die Spraydosen zücken und grauen Betonwänden zu mehr Farbe verhelfen dürfen, sorgt der Verein Impulse Krems. Das Graffiti-Projekt ist Teil eines umfassenden Engagements, das viele Facetten der Jugendarbeit und Asylhilfe abdeckt.

Der Abgang zur Donau beim Yachthafen diente im Jahr 2014 als Pilotprojekt für eine legale Graffiti-Szene. Damit es gelingen konnte, stellte die Stadt den Raum zur Verfügung, Schüler der Höheren Technischen Lehranstalt reinigten die Wände, und die Mitarbeiter der mobilen Jugendarbeit übernahmen die Betreuung. Zunächst trafen erfahrene Wiener Graffiti-Künstler auf kreative Kremser Jugendliche. Sie gaben ihnen Tipps und Ratschläge, was Techniken und die Umsetzung von Motiven betraf. Ebenso wichtig war es, etwas über den Ehrenkodex und die No-Gos in der Graffiti-Szene zu erfahren. Schließlich arbeitet man dabei nicht in einem geschützten Atelier, sondern im öffentlichen Raum, der allen gehört, und muss sich seiner Botschaften und Aussagen bewusst sein. Die Jugendlichen ließen ihrer Phantasie freien Lauf und schufen erstaunliche Werke. Seither werden laufend neue legale Flächen gesucht und gefunden. Die Kremser Graffiti-Szene hat es aber nicht immer leicht. Auch illegal wird gesprayt. Davon distanzieren sich die Graffiti-Künstler, welche die legalen Flächen nutzen.

In der Passage beim Ruderclub sind Schriftzüge, gigantische Figuren, Tiere und ausdrucksstarke Formen zu sehen, die man ebenso gut in New York oder Berlin finden könnte.

Adresse Steiner Donaulände, 3500 Krems | **Anfahrt** B 3 bis zum Ruderclub Stein, Unterführung nahe der Bushaltestelle | **Tipp** Im Haus neben dem Wienertor war einst die Fabrik von Johann Keusch untergebracht. Keusch ist der Erfinder der »Kremser Rebschere«, mit der die Hauer die gleiche Arbeit in der halben Zeit erledigen konnten.

42 Die Justizanstalt

Erinnerung an das dunkelste Kapitel

Jene, die schon einmal dort inhaftiert waren, nennen sie »den Felsen«. In der größten Strafvollzugsanstalt Österreichs verbüßen vor allem die »Lebenslangen« ihre Haftstrafen – und darüber hinaus jene Strafgefangenen, die zu mehr als 18 Monaten Freiheitsentzug verurteilt wurden. Durch spektakuläre Ausbrüche, Justizirrtümer, prominente Gefangene und Skandale um unzumutbare Haftbedingungen geriet das Gefängnis immer wieder in den Fokus der Öffentlichkeit.

Eines der traurigsten Kapitel in der Geschichte der Justizanstalt ist die NS-Zeit, in der sich hier ein Verbrechen unvorstellbaren Ausmaßes ereignete. Damals waren zahlreiche politische Gefangene aus Österreich, der Tschechoslowakei, Kroatien und Griechenland inhaftiert. Gegen Kriegsende erhielt der Anstaltsleiter Franz Kodré den Befehl, er solle bei Annäherung der Alliierten die »gewöhnlichen Kriminellen« auf freien Fuß setzen und die politischen Gefangenen abtransportieren oder erschießen. Nachdem Krems bombardiert und die Versorgungslage schlecht geworden war, ließ Kodré am 6. April 1945 alle Gefangenen frei. Daraufhin rückten Alarmeinheiten der Waffen-SS, der Schutzpolizei, der Wehrmacht und des Kremser Volkssturms aus. Es kam zu einem Massaker. Tagelang wurden Flüchtende verfolgt, misshandelt und erschossen, einige mussten vorher noch ihr eigenes Grab ausheben. An der sogenannten »Kremser Hasenjagd« beteiligten sich auch Zivilisten. Insgesamt wurden 300 Menschen ermordet. Der Historiker Robert Streibel thematisiert seit Jahren, dass viele Tote – die damals einfach verscharrt wurden – noch in unbekannten Gräbern liegen.

Die Künstlerin Ramesch Daha hat im Jahr 2018 Fragmente aus dem Strafgefangenenregister der Jahre 1944 und 1945 überdimensional vergrößert auf die Gefängnismauer übertragen. Diese wirken wie Blaupausen. Die Namen sind nicht lesbar. Der Titel des Kunstwerks allein spricht jedoch Bände: »06.04.45«.

Adresse Steiner Landstraße 4, 3500 Krems | **Anfahrt** B 3 bis Krems, durch die beiden Kreisverkehre an der Donaustation auf Franz-Zeller-Platz, dann rechts auf Steiner Landstraße | **Tipp** Bei »Seg and the City« können Sie einen Segway leihen und die Wachau entweder auf eigene Faust erkunden oder an einer geführten Tour teilnehmen.

43 Der Kremser Pfennig

Mittelalterliche Moneten

Krems ist die Mutter populärer Produkte, die mittlerweile andernorts hergestellt werden. Dazu gehören: der süße Kremser Senf, der schon vor 500 Jahren von Kremser Winzern erfunden wurde; der im 19. Jahrhundert von einem Apotheker kreierte Inländer Rum; die in jedem Weingarten hilfreiche Rebschere. Kein Wunder, dass auch das erste Münzgeld Österreichs aus Krems kam.

Zur Zeit der Babenberger im 12. Jahrhundert entwickelte sich Krems zu einem wirtschaftlichen Zentrum. Weinbau und Handel florierten. Stein und Krems profitierten von einer Win-win-Situation. In Stein legte der Schiffsverkehr an, Waren wurden verladen und verzollt. Im expandierenden Krems fand der Handel auf den Märkten statt. Noch heute sind die Kremser stolz darauf, dass sie auf der Weltkarte des arabischen Geografen Mohammed al-Idrisi in der ersten Liga der Donaustädte noch vor Wien genannt wurden.

Markgraf Leopold III., unter dem Ostarrichi – damals noch der östliche Teil des Herzogtums Bayern – eine Blüte erlebte, gestattete eine Münzprägestätte in Krems. Zwischen 1110 und 1190 war »Chremensis Monete« offizielle Währung und konnte sich auf dem Geldmarkt gut behaupten. Leopold V. gründete die Münze Wien und zog damit die Münzprägung aus Krems ab. Das Kapital für die neue Münzprägestätte hatte er aus seinem Anteil des gigantischen Lösegelds in Form von Silber, das die Freilassung des englischen Königs Richard Löwenherz eingebracht hatte.

Die Niederösterreichische Numismatische Gesellschaft Wachau-Krems hält noch in der Gegenwart den Handel mit den Münzen aufrecht, wenn auch nur mehr im Rahmen von Tauschbörsen. Obmann Otto Ruske kann sogar einen gefälschten von einem echten Kremser Pfennig unterscheiden. Um sicherzugehen, dass man es mit echtem Geld zu tun hatte, wurde schon im Mittelalter jeder Pfennig beim Kassieren abgewogen. Denn das Fälscherhandwerk ist so alt wie das Geld.

Adresse Kremser Pfennige im museumkrems, Körnermarkt 14, 3500 Krems | Anfahrt B 3 bis Krems, durch die beiden Kreisverkehre an der Donaustation auf Ringstraße, links abzweigen auf Utzstraße, dann in die Schmidgasse | Öffnungszeiten Mitte März–Mitte Nov. täglich 10–18 Uhr | Tipp Das Rathaus in der Oberen Landstraße ist mit einem wunderschönen Renaissance-Erker ausgestattet.

44 Das Küchenfenster

Begegnung am frühen Morgen

Oft liegt hinter einer bekannten Geschichte eine noch viel interessantere und hinter einer schwierigen eine versöhnliche. Im Sommer 1983 inszenierte Oskar Werner in Krems Heinrich von Kleists Stück »Der Prinz von Homburg«. Es sollte der Startschuss für ein Wachau-Festival werden. Der einstige Weltstar war allerdings schwer alkoholkrank. Aus der Premiere wurde eine Tragödie. Publikum und Kritiker zerrissen die Darbietung in der Luft.

Eine andere Geschichte weiß Robert Mayr zu erzählen. Wenn man ihm eine Zeit lang zuhört, kann man leicht das Gefühl bekommen, man wäre selbst bei dem einen oder anderen bedeutsamen Ereignis in der Kremser Stadtgeschichte dabei gewesen. Der Lebenskünstler zog als Kind in die Gozzoburg, die damals noch als Wohnhaus genutzt wurde, wirkte bei einigen der bekannten Wachaustreifen als Statist mit und begann sich schließlich selbst mit der Kremser Stadtgeschichte zu beschäftigen.

Eines der denkwürdigsten Ereignisse im aufregenden Leben des »Ritter Bertl«, wie er in Krems genannt wird, ereignete sich am 13. April 1983 um 6.30 Uhr. Mayr kam gerade von seiner Nachtschicht nach Hause, als er in der Küche seiner Mutter im ersten Stock das Licht brennen sah. Die pensionierte Wirtin war um diese Zeit nie wach, also war der Sohn beunruhigt und schlich die Stiege hoch. Im Türrahmen stehend, sah er einen Mann, der sich am Ofen eine Suppe wärmte. »Guten Morgen, wie haben wir es denn?«, stellte Mayr den Fremden zur Rede. Der fragte, ohne sich gleich umzudrehen, zurück: »Wer sind Sie?« Mayr erkannte die Stimme sofort. Oskar Werner nannte Mayr ab diesem Zeitpunkt »Bobby« und band ihn in die Produktion seines Stückes mit ein. Bobby stellte die Statisten bereit und arbeitete an der Bühne mit. Daraus entwickelte sich eine Freundschaft, die über das missglückte Festival hinaus anhielt. Am Tag seines Todes brachte Bobby den Schauspieler noch zum Zug.

Adresse Gozzoburg, Hoher Markt 11, 3500 Krems | **Anfahrt** B 3 bis Krems, über Austraße und Ringstraße auf Untere Landstraße, dann auf Hoher Markt | **Öffnungszeiten** Führungen Mitte März–Mitte Nov. Sa, So und Feiertage 14 Uhr | **Tipp** Jeden Samstag Vormittag findet auf dem Kremser Pfarrplatz der »Genussmarkt« mit kulinarischen Köstlichkeiten und kreativen Handwerksprodukten statt.

45_Die Kult-Destillerie

Marillen einmal hochprozentig

Am Anfang von allem stand die Liebe. 1918 traf Rosa Amon den jungen Italiener Eugenio Bailoni auf Sommerfrische in Innsbruck. Er folgte ihr in die Wachau und arbeitete im elterlichen Gasthaus mit. Rasch erkannte Eugenio, dass man aus Marillen nicht nur Marmelade, sondern auch Spirituosen kreieren kann. Das Know-how hatte er aus dem Trentino, wo es bis heute Bailonis gibt, die sich der Herstellung von Grappa widmen. Die Nachfrage stieg, das Paar übersiedelte nach Stein und beschäftigte sich fortan mit der Marillenveredelung.

Eugenio Bailoni fehlte für seine Spirituosen nur noch das richtige Behältnis. Warum nicht aus der Reihe tanzen? Eine bauchige Flasche sticht aus jeder gut sortierten Hausbar hervor. Gesagt, getan, und die Bailoni-Boxflasche war erfunden. In der kultigen Flasche steckt aber nicht nur reichlich Geschichte, sondern auch viel Liebe zur Marille, zur Wachau und zu ihren Bewohnern. Claudia Bailoni hat das Familienhandwerk von Kindheit an erlernt. Ihr Vater Eugen ist der Dritte in der Namensfolge.

1.500 Marillenbäume besitzen die Bailonis. Jede Frucht wird von Hand aufgesammelt. Der Rest kommt von lokalen Produzenten. Zur Erntezeit ist vier Wochen lang Hochbetrieb. Manch einer liefert mit dem Traktor, andere kommen zu Fuß mit zwei vollen Kübeln. Wer an der Waage steht, erhält ein Stamperl des hauseigenen Schnapses. Die Marillen werden dann auf Reife geprüft, entkernt und sofort verarbeitet. Sobald es kühl wird im Herbst, beginnt das Destillieren. Von der kostbaren Frucht geht nichts verloren. Die Kerne erhält ein anderes Unternehmen, die Abwärme vom Destillieren heizt den Betrieb, und die Rückstände der Gärflüssigkeit liefern natürlichen Dünger. Der eigentliche Schatz lagert im Keller in großen Tanks und wird täglich nach Bedarf abgefüllt. Zum Marillenschnaps gesellen sich Jahr für Jahr neue Marillenprodukte, wie jüngst ein Frizzante, Likörperlen oder eine Kosmetiklinie.

Adresse Marillen-Destillerie Bailoni, Steiner Landstraße 102 und Bailoni im Steinertor, Schwedengasse 2, 3500 Krems | **Anfahrt** B 3 bis Krems, abzweigen auf Reisperbachtalstraße | **Öffnungszeiten** Steiner Landstraße: Mo–Do 7–12 und 13–17 Uhr, Fr 7–12 Uhr, im Steinertor: Mo–Sa 9–18 Uhr | **Tipp** Im Haus Steiner Landstraße 122 wohnte einst der Maler Martin Johann Schmidt, genannt »Kremser Schmidt«.

46__Die Landesgalerie

Wo Kunstbegeisterte vor Anker gehen können

Er habe eine Vase und einen Knochen im Erdreich gefunden, berichtete ein aufgeregter Bauverantwortlicher dem Gründungsdirektor Christian Bauer und dem legendären Kurator Günther Oberhollenzer an einem Wintertag im Dezember 2016. Die beiden inspizierten die Lage und holten Experten, die mittelalterliche Gegenstände identifizierten. Wenige Tage später stießen Arbeiter erneut auf ein Relikt, diesmal war es eine Konstruktion aus Baumstämmen – und diesmal wurde es ernst: Baustopp! Die Archäologen übernahmen das Ruder, und sie blieben, bis die Funde gesichert und die Rätsel gelöst waren.

Nach wenigen Wochen stand fest, dass sich auf der Baustelle der Landesgalerie Niederösterreich die Reste einer mittelalterlichen Hafenanlage mit Anlegestelle befanden. Die Handelsstadt Stein war intensiv in den Donauhandel involviert gewesen, einen Hafen hatte an dieser Stelle jedoch niemand vermutet.

Als die mittelalterlich gefärbte Aufregung vorüber und der Fund in wissenschaftlichen Händen war, begann die Landesgalerie Niederösterreich zu wachsen. Leichtigkeit wie bei einem Tanz schwebte dem Vorarlberger Architektenbrüderpaar Bernhard und Stefan Marte vor – und das erreichten sie, indem sie das Museum in Form eines gedrehten Würfels planten – mit Ausrichtung zur Donau und zur Altstadt von Stein hin. Die entstandene Wellenform erinnert an die sanften Wellen der Donau. In Anlehnung an die alten Dächer Steins ließen sie die Fassade mit Zinkschindeln verkleiden. Damit schufen sie einen der aufregendsten Museumsneubauten Österreichs.

Das Ausstellungsprogramm reicht von der Kunst des 19. Jahrhunderts bis in die Gegenwart. Das Museum greift auf die umfangreichen Bestände der Landessammlungen Niederösterreich zurück, aber auch auf private Sammlungen und Leihgaben aus aller Welt. Das Ergebnis: ein frischer Blick auf die Welt, der es wagt, mit Kunst die brennenden Fragen unserer Zeit zu thematisieren.

Adresse Landesgalerie Niederösterreich, Museumsplatz, 3500 Krems | Anfahrt B 3 bis Krems, durch die beiden Kreisverkehre an der Donaustation auf Franz-Zeller-Platz | Öffnungszeiten Informationen unter www.landesgalerie-noe.at | Tipp In der Artothek Niederösterreich können Sie zeitgenössische Kunstwerke für bis zu einem Jahr ausleihen. Etwa 1.500 Gemälde und Druckgrafiken stehen Ihnen dabei zur Auswahl.

47__Das Landesgericht

Dunkle Mauern und Schwarze Witwen

Respekteinflößend nimmt es seinen Platz ein zwischen Stadtpark und Steiner Tor. Das Landesgericht Krems ist ein mächtiges Gebäude, das aus einer düsteren Zeit stammt. Als es im Oktober 1933 eröffnet wurde, wandelten die Austrofaschisten unter Engelbert Dollfuß die demokratische Republik gerade in eine ständestaatlich organisierte Diktatur um. Wenige Jahre später wurde das Gericht dem NS-Staat gleichgeschaltet, die Richter wurden gezwungen, ihre Rechtsprechung dem NS-System zu unterwerfen. Einige der Kunstwerke in den Innenräumen wurden als »undeutsch« verunglimpft und übermalt. Nur eines davon, die »Sieben Laster«, das Leopold Schmid vor dem Schwurgerichtssaal gemalt hatte, konnte 1982 freigelegt und von dem während der NS-Zeit mit Berufsverbot belegten Künstler restauriert werden.

1997 war das Gerichtsgebäude Schauplatz eines der spektakulärsten Gerichtsprozesse in der österreichischen Kriminalgeschichte. Die Pensionistin Elfriede Blauensteiner war angeklagt, einen Mann aus Rossatz, den sie über eine selbst geschaltete Kontaktanzeige kennengelernt hatte, ermordet zu haben. Beim Prozess fiel die »Schwarze Witwe«, wie sie von den Medien genannt wurde, vor allem mit ihrem exzentrischen Auftreten auf. »Ich wasche meine Hände in Unschuld!«, zitierte sie Pontius Pilatus in theatralischer Manier. Die Beweislage sprach gegen sie. Ihrem ersten Schuldspruch in Krems folgten weitere in Wien. Blauensteiner handelte nach einem ausgeklügelten Mordplan. Sie ging mit ihrem Opfer eine Beziehung ein, pflegte es und ließ sich Hab und Gut überschreiben. War dies geschehen, betäubte sie den Pflegling mit einem Medikamentenmix und unterkühlte ihn mit kalten Handtüchern. Als der Betreffende im Sterben lag, rief sie verzweifelt die Rettung, sodass erst im Krankenhaus der Tod eintrat. Drei Morde konnten Elfriede Blauensteiner nachgewiesen werden, zwei weitere gab sie zu.

Adresse Josef-Wichner-Straße 2, 3500 Krems | **Anfahrt** B 3 bis Krems, durch die beiden Kreisverkehre an der Donaustation auf Ringstraße, links abzweigen auf Utzstraße, noch mal links auf Josef-Wichner-Straße | **Öffnungszeiten** nur von außen zu besichtigen | **Tipp** Der Jesuit Andreas W. Koffler wurde 1603 in Krems geboren und genoss hohes Ansehen am chinesischen Kaiserhof. Aufgrund seines umfassenden astronomischen Wissens wurde er mit der Abfassung des chinesischen Kalenders betraut.

48 Der Musikpavillon

Als Liz Taylor einen Baum pflanzte …

… in Erinnerung an den österreichischen Schriftsteller Arthur Schnitzler, hielt sie halb Krems in Atem. Ein roter Teppich wurde ausgerollt, eine Blasmusikkapelle spielte im Musikpavillon, verkleidete Kinder, Männer und Frauen standen auf Tribünen rings um sie herum, ein Rudel Hunde lief bellend durchs Bild.

Tagelang hatte man bereits auf die Hollywood-Diva gewartet. Liz Taylor, die in Begleitung ihrer Mutter nach Österreich gereist war, musste im Wiener Hotel Imperial erst eine fiebrige Erkältung auskurieren. Am Samstag, den 2. Oktober 1976, fiel endlich die Klappe für die Szene vor dem Musikpavillon im Kremser Stadtpark. Der Regisseur war Harold Prince, der eine Reihe der bekanntesten Musicals am New Yorker Broadway inszenierte und für »A Little Night Music« hinter die Kamera wechselte. Liz Taylor war ab Mitte der 1970er Jahre nur mehr in wenigen Kinofilmen zu sehen und wurde in Europa für ihre schauspielerischen Leistungen damals mehr geschätzt als in den USA.

Nach den aufregenden Kremser Dreharbeiten berichteten die Zeitungen davon, wie Harold Prince es fertiggebracht hatte, dass es im Kremser Stadtpark auf Befehl zu regnen beginnen konnte. Die Stadtfeuerwehr hatte sich mit einem Tanklöschfahrzeug in sicherer Entfernung platziert und mit den Löschspritzen in hohem Bogen die Szene begossen.

Der Kremser Autor Günther Richter beobachtete die Dreharbeiten aus nächster Nähe und kennt einige Geheimnisse des Films. Dass vor Liz Taylors Auftritt ein Rudel Hunde durchs Bild läuft, war der Wunsch des Regisseurs. Die passenden Promenadenmischungen dazu hatte die Betreiberin einer nahen öffentlichen Toilette. Weil die Hunde sich nicht aus der Ferne anleiten ließen, musste ihrer Besitzerin ein Kostüm angepasst und sie ins Bild geholt werden. Liz Taylor wartete am Rand des Parks auf ihren Auftritt, in einem Wohnwagen, der von einem schnittigen rosa Schlitten gezogen wurde.

Adresse Stadtpark, 3500 Krems | **Anfahrt** B 3 bis Krems, über Austraße auf Ringstraße und bis zur Utzstraße | **Tipp** In der Galerie Stadtpark wird in einem Ausstellungspavillon aus dem Jahr 1960 zeitgenössische bildende Kunst präsentiert.

49_Das Parkhaus

Freier Blick auf die Geschichte

Dass Krems ursprünglich aus drei Städten bestand, die in der Reihenfolge von Ost nach West ironischerweise Krems, Und, Stein heißen, lässt sich an keinem Ort so gut nachvollziehen wie am obersten Dach des Parkhauses über den Bahnhofsgleisen. Über die Plattform zwischen den Bahnsteigen 2 und 3 bequem per Lift erreichbar, zeigt sich von dort ein überwältigender Ausblick über die Stadt und ihre Ausläufer: das Weinviertel im Osten, die Wachau im Westen, Stift Göttweig und der Dunkelsteinerwald auf der gegenüberliegenden Donauseite.

Zu Füßen des Parkhauses liegt das Bahnhofsviertel, das in der Geschichte der Stadt einen dramatischen Platz einnimmt. Krems galt schon vor dem Anschluss als Hochburg illegaler Nazis und wurde deshalb im Juli 1938 als Belohnung für die »Führertreue« zur Gauhauptstadt von Niederdonau ernannt. Nach dem Zusammenschluss von 14 Gemeinden zu Groß-Krems und der Realisierung erster Bauprojekte wie dem Hafen Krems wurde der Umbau zur Gauhauptstadt wegen des Krieges eingestellt. Wenige Monate vor Kriegsende verlief der Bahnverkehr über die Donauufer-Strecke, da die Westbahngleise bereits zerstört waren. Am 2. April 1945, einem Ostermontag, flog die 15. US-Luftflotte den einzigen Luftangriff auf Krems. Ziel war der Bahnhof, um die verbliebenen Verkehrswege abzuschneiden. Dabei wurde das Bahnhofsviertel weitgehend zerstört. Die offizielle Zahl der Todesopfer lag bei 108, eine genaue Zahl ließ sich nicht ermitteln.

Während des Bombenangriffs wurde ein 14-Jähriger unter Schutt und Asche begraben. Erst nach Tagen soll man ihn geborgen haben. Die Ereignisse würden den Ausnahmekünstler Padhi Frieberger noch als Erwachsenen beschäftigen und sogar Eingang in seine Kunst finden.

Heute ist das Bahnhofsviertel ein bunter Gebäudemix. Von den Bombentrichtern, in denen die Kinder in der Nachkriegszeit noch lange spielten, ist nichts mehr zu sehen.

Adresse Bahnhofplatz, 3500 Krems | **Anfahrt** B 3 bis Krems, Abfahrt auf Austraße, dann auf Ringstraße | **Öffnungszeiten** durchgängig | **Tipp** Die aus Schweden stammende Elsa Brändström wurde auch »Der Engel von Sibirien« genannt, da sie sich im Ersten Weltkrieg sehr für Kriegsgefangene in Russland einsetzte. In Krems wird ihr mit einer Skulptur an einem Wohnhaus in der Brandströmstraße gedacht.

50_Das Stadtarchiv

Wer tief in der Geschichte graben will …

Es gibt Städte, die strotzen nur so vor Geschichte und Persönlichkeiten. Krems reiht sich nahtlos in diese Riege ein. Die Liste einflussreicher Menschen allein würde Bücher füllen. Zu den Töchtern und Söhnen der Stadt gehören etwa Maria Anna Lager, die Mutter des Komponisten Franz Liszt, die ihren Sohn entscheidend förderte, der Volksschulreformator Franz Anton de Paula Gaheis, Ludwig von Köchel, der das Werkverzeichnis von Mozart erstellte, der Barockmaler Johann Martin Schmidt oder der Fotochemiker Josef Maria Eder. Von letzteren beiden befinden sich Nachlässe im Stadtarchiv.

Archivleiter Gregor Kremser arbeitet seit Jahren im Bereich der Vermittlung von Geschichte und Kunst. Dabei kam es wiederholt zur Zusammenarbeit mit dem Historiker Robert Streibel, der wie kein anderer die Kremser Zeitgeschichte kennt, verdrängte Kapitel aus der Zeit des Nationalsozialismus aufgearbeitet und vergessenen Menschen wieder zur Sichtbarkeit verholfen hat. Für diese Forschungstätigkeiten ist das Stadtarchiv eine unverzichtbare Quelle. Es vereint Originaldokumente, Urkunden, Fotografien und Medien aller Art.

Die wirtschaftliche Entwicklung der bis 1938 noch nicht zusammengelegten Städte Krems und Stein lässt sich anhand der Grund- und Steuerbücher nachvollziehen. Man erfährt von den einzelnen Zünften, darunter auch von längst nicht mehr ausgeübten Berufen wie Drechsler und Bader, oder vom Weinbau in vergangenen Jahrhunderten. Es gibt Akten zu Justizangelegenheiten, aus dem Gesundheitswesen, zu Bauprojekten, Bildungseinrichtungen und den Vereinen. Ab dem Mittelalter sind Ratsprotokolle erhalten, ab der Mitte des 19. Jahrhunderts gab es eine eigene Stadtverwaltung und seither dokumentierte Gemeinderatsprotokolle.

Interessant ist vor allem das Zeitungsarchiv, denn in den Neuigkeiten der Vergangenheit kann sich so manches Kuriosum verbergen.

Adresse Kulturamt, Körnermarkt 14, 3500 Krems | **Anfahrt** B 3 bis Krems, auf Ringstraße, links abzweigen auf Utzstraße, über die Schmidgasse auf den Körnermarkt | **Öffnungszeiten** Mo–Do 8.30–16 Uhr und Fr 8.30–12 Uhr jeweils nach Voranmeldung | **Tipp** In der Stadtbücherei Krems trifft moderne Innenarchitektur auf die historische Bausubstanz des ehemaligen Dominikanerklosters. Im Eingangsbereich sind Wandmalereien und Schriftbänder aus der Zeit der Klosternutzung zu sehen.

51 Der Uni-Campus

»Treffen wir uns bei den Teppichen!«

In Filmen und Büchern gehört er zu den schönsten akademischen Klischees: der perfekte Universitätscampus. Dort flanieren Studierende mit einem Stapel Bücher unterm Arm, vertieft in fachliche Gespräche, zwischen Grünflächen und vorbei an alten Institutsgebäuden, schicken Cafés und modernen Bibliotheken. Der Campus Krems könnte einem dieser Universitäts-Romane entsprungen sein.

Mitte der 1990er Jahre bezog die damals neu gegründete Donau-Universität Krems die um moderne Architektur ergänzte ehemalige Tabakfabrik, in der einst die berühmten Virginier-Zigarren hergestellt worden waren. Die Universität wuchs, und der Campus wurde ausgebaut. Er verbindet die Kremser Weiterbildungs-Universität mit einer Fachhochschule, einer Privatuniversität, der österreichischen Filmgalerie inklusive Programmkino und dem Archiv der Zeitgenossen, in dem künstlerische Vor- und Nachlässe lagern.

Zeitgenössische Kunst gibt es sowohl in den Universitätsräumlichkeiten als auch im Freien. Im Universitätshof zwischen Altbau und Neubau liegen Teppiche. Sie sind allerdings nicht aus Stoff, sondern aus venezianischen Emailsteinen, die wie ein Mosaik in den Boden eingelassen sind, sowohl in den Rasen als auch in den Steinboden. Die Künstlerin Iris Andraschek und der Künstler Hubert Lobnig nutzten Teppiche aus Afghanistan, Georgien, dem Iran, Kirgisien, Kurdistan, Marokko und Tibet als Vorbilder – keine repräsentativen, sondern solche, die im Alltag der Menschen eine Rolle spielen. In den oft kleinteiligen Mustern sind so manche Hinweise auf Fakultäten der Kremser Universität zu finden, in drei Teppichen auch Kriegsmotive aus Afghanistan, als gesellschaftspolitische Anspielung.

Der Teppich als Unterlage für gehaltvolle Diskurse, Debatten und Plaudereien, das funktioniert auf der ganzen Welt. Witziges Detail am Rande: Ganz in der Nähe befand sich lange Zeit eine Matten- und Teppichfabrik.

Adresse Campus-Promenade, 3500 Krems | Anfahrt B 3 bis Krems, durch die beiden Kreisverkehre an der Donaustation auf Franz-Zeller-Platz und Doktor-Karl-Dorrek-Straße, dann rechts in die Campus-Promenade | Tipp Direkt am Campus, im ehemaligen Kesselhaus der Tabakwerke, ist ein Programmkino untergebracht. Im Sommer gibt es Open-Air-Vorstellungen zwischen Weingärten und moderner Campus-Architektur.

52 Die Christbaumgemeinde

All-Time-Klassiker im Nadelkleid

Den Weihnachtsmann vermuten Kinder am Nordpol, und das Christkind ist zumindest per Post erreichbar. Wo die vielen Bäume wachsen, die für den Weihnachtsabend aufgeputzt werden, fragen sich nur wenige. Dabei ist der Christbaum der stille Hauptdarsteller des ganzen Geschehens. Als Stimmungsgarant sorgt er für den richtigen Duft, die heimelige Atmosphäre und das alljährliche Wow-Erlebnis in den Wohnzimmern.

Auf angenehme Weise abgelegen ist der Ort. Man kann hier den Bäumen beim Wachsen zuhören. Je weiter man sich den Jauerling hochbewegt, desto mehr werden es. Zu Hunderten und zu Tausenden stehen sie in Gruppen am Straßenrand und in der hügeligen Landschaft zwischen Wiesen und Wäldern. Man kann sich üben im Bestimmen der beliebten Christbaumarten. Hauptsächlich sind es Nordmanntannen. Man erkennt sie an ihren dunkelgrünen, langen und dicht wachsenden Nadeln. Die Blaufichten stechen mit ihrem silbrigen Schimmer hervor. Die Fichten erkennt man an den kurzen und die Föhren an den langen, dünnen Nadeln.

Der Ort hat nicht einmal 1.000 Einwohner, aber mehr als 70 Betriebe, die Christbäume züchten. Für viele Bauern ist das eine funktionierende Alternative zur klassischen Landwirtschaft, deren Rahmenbedingungen sich für viele Unternehmen aus der Region verschlechterten. Seit den 1960er Jahren werden Christbäume in Maria Laach gepflanzt, im Jahr 2007 nannte man sich offiziell Christbaumgemeinde.

Ein Spaziergang durch die weitläufige Landschaft zeigt, dass die Betriebe arbeitsteilig vorgehen. In der Baumschule wird der Baum ausgesät und erblickt das Licht der Welt. In den ersten vier Jahren wird er zwischenzeitlich umgepflanzt. Sieht man eine Kultur mit kleinen Bäumen, erscheint es wie ein Kindergartenbesuch. Mit vier ist der Baum bereit, erwachsen zu werden, und kommt zu seinem Züchter. Wie viel Zeit ein Baum in Maria Laach verbringt, hängt von seiner Größe ab.

Adresse 3620 Maria Laach | **Anfahrt** B 3 bis Groisbach, dann L 7140 bis zur Christbaumgemeinde Maria Laach | **Tipp** Achten Sie beim Besuch der Wallfahrtskirche von Maria Laach besonders auf den spätgotischen Doppelflügelaltar, das wunderschöne Netzrippengewölbe und die »Sechsfinger-Madonna« am linken Seitenaltar.

53__Der Jauerling

Am Dach der Donau

Mit seinen 960 Metern ist der Jauerling das Dach der Donau. Wohin geht aber, wer seinen Gipfel erklimmen will? Der Berg macht es einem nicht einfach. Anstatt einer stattlichen Spitze hat er ein Plateau. Ein Gipfelkreuz am Waldesrand erweckt schnell den Eindruck, man hätte sein Ziel erreicht, aber beim Lesen der Aufschrift muss man feststellen, dass es sich um den buchstäblich falschen Gipfel handelt. Ein Stück weit im Wald befindet sich ein weiterer Gipfel. Ist dies nun der richtige?

In der Vergangenheit drifteten die Meinungen darüber auseinander. Mittlerweile gelten beide Gipfel als gleichwertig. Weder vom richtigen noch vom falschen Gipfel hat man eine Panoramasicht, denn das Hochplateau ist dicht bewaldet. Das war nicht immer so. Als Ende des 19. Jahrhunderts die ersten Touristen den Jauerling erwanderten, befand sich dort noch eine Alm. Zu dieser Zeit weilten auch kaiserlich-königliche Vermesser auf dem sonnigen Berg. Sie vermerkten anhand eines Steines den höchsten Punkt entlang des für die Monarchie so wichtigen Donaustromes. Dieser Stein, der vor Kurzem mit einem großen Metallring umrandet wurde, markiert den eigentlichen Gipfel. Nach nur wenigen Schritten aus dem Wald hinaus stellt sich auch das Wow-Erlebnis ein: Weit unterhalb fließt die Donau zwischen den Weinterrassen.

Woher der Name Jauerling stammt, ist nicht klar. Einer Theorie nach nannten ihn die slawischen Siedler im Mittelalter Javornik, was so viel bedeutet wie Ahornberg.

Nicht wenige Sagen ranken sich um den Berg. Eine davon erzählt von einer Feenkönigin, die einem Mädchen, das in einer Vollmondnacht auf den Berg stieg, erschien und ihr für den Fall, dass sie bleiben sollte, Spielkameradinnen und allerhand Luxus versprach. Das Mädchen aber wollte nur eine Wunderblume finden, die ihre kranke Mutter heilen sollte. Gerührt händigte ihr die Feenkönigin die Blume aus und verschwand wieder.

Adresse Gut am Steg, 3620 Maria Laach | **Anfahrt** B 3 bis Spitz, B 217 bis Gut am Steg, L 7133 bis Oberndorf, rechts abzweigen in Richtung Gipfelkreuz und Naturparkhaus, dann der Beschilderung zu den beiden Gipfeln folgen | **Tipp** Das nahe gelegene Naturparkhaus bietet einen tiefen Blick in die hügelige Landschaft der Wachau.

54 Die zwei Türme

Wanderfreunde und Couchpotatoes

Unterschiedlicher könnten die beiden Türme nicht sein. Der eine sendet Signale, der andere empfängt Wanderer. Der eine brummt und surrt, seine Antennen und Zylinder ragen hoch über die Baumwipfel. Den anderen darf man besteigen und von seiner Plattform aus die Landschaft erkunden.

Mit dem Fernblick wollte es aufgrund des »Höhenrauchs«, womit man dunstiges Wetter meinte, nicht so recht klappen, als am 24. August 1842 drei kindliche Erzherzöge aus dem Hause Habsburg an Ort und Stelle waren. Die beiden Türme gab es damals noch nicht. Der älteste der drei Knaben sollte später als Kaiser Franz Joseph von Österreich 68 Jahre lang regieren. Sein nächstjüngerer Bruder Ferdinand Maximilian sollte zum Kaiser von Mexiko und als solcher hingerichtet werden. Der jüngste der drei Brüder, Karl Ludwig, sollte dem Thronfolger Franz Ferdinand das Leben schenken, dessen Ermordung in Sarajevo zum Auslöser des Ersten Weltkrieges werden würde. Bevor die höfischen Teenager als backenbärtige Herren ihren historischen Schicksalen entgegenstrebten, erlebten sie einen unbeschwerten Tag am Jauerling. Noch vor Sonnenuntergang war man sich einig, dass der Ort des Besuchs zum touristischen Ausflugsziel werden sollte. Bis schließlich die Kaiser-Franz-Joseph-Jubiläumswarte eröffnet wurde, zogen 50 Jahre ins Land. Zwei der drei Ausflügler lebten bei der Eröffnung im Juli 1898 nicht mehr.

Lange nach dem Ende der Monarchie stürzte die Warte ein, wurde aber wiederaufgebaut. Mitte der 1950er Jahre kam ein zweiter Turm dazu, der einer ganz anderen Entwicklung in puncto Freizeitgestaltung geschuldet war. Seine Spitze ist um mehr als 100 Meter höher als die der Aussichtswarte. Er brachte den Menschen das Fernsehsignal in ihre Wohnzimmer. Ein halbes Jahrhundert später ist der Aussichtsturm von damals einem Neubau gewichen. Die Sendestation, um einige Aufgaben reicher, ist nach wie vor in Betrieb.

Adresse Oberndorf, 3620 Maria Laach | **Anfahrt** B 3 bis Spitz, B 217 bis Gut am Steg, L 7133 bis Oberndorf, rechts abzweigen, dann L 7133a | **Tipp** Der Jauerling ist zu allen Jahreszeiten ein Naturparadies. Im Winter können Sie bei herrlichem Ausblick Ski fahren – dank der modernen Flutlichtanlage auch bis in die Abendstunden.

55 Der Schnellmaler

Spätbarocke Bildwelten mit Comicfaktor

Mancher Kunsthistoriker beschreibt den Künstler Joseph Adam von Mölk im Hinblick auf seine formale Qualität nicht gerade als Genie. Unglaublich schnell konnte er arbeiten und war, was die Architekturmalerei betraf, eine Koryphäe. Mit der Fülle und Geschlossenheit seines Werkes erarbeitete sich der Spross einer Malerfamilie seinen Platz in der Kunstgeschichte. Noch von Herrscherin Maria Theresia als Ritter in den Adelsstand erhoben, passte er gut in die folgende Zeit des aufgeklärten Absolutismus von Joseph II., der Reformen und Sparprogramme vorantrieb.

Für die Serviten, denen Maria Langegg damals gehörte, war Joseph Adam von Mölk des Öfteren tätig, in allen Teilen Österreichs. Im Jahr 1772 kam er zum ersten Mal in den Dunkelsteinerwald. Rasch handelte man einen Vertrag aus, der nicht weniger als die malerische Gesamtgestaltung der Klosterkirche vorsah. Bestimmendes Thema sollte das Leben der heiligen Maria sein. Eine Fülle an Arbeit erwartete den Maler, für die er im darauffolgenden Jahr mit fünf Mitarbeitern nur 30 Wochen benötigte.

Mölks Figuren haben etwas Comichaftes. Weder findet man in seinen Bildwelten allzu dralle Engel noch grimmige Heilige. Das Deckenfresko im Chorraum stellt die Geburt Mariens dar, als handle es sich um ein heiteres Kaffeekränzchen unter biblischen Figuren. Die vier Evangelisten Matthäus, Markus, Lukas und Johannes sitzen mit gutmütigen Mienen in den Gewölbezwickeln. Ein wenig grotesk wirken die alttestamentarischen Darstellungen. Etwa wenn eine verzückte Judith den abgetrennten Kopf des Holofernes in der Hand hält oder Jael dem kanaanitischen Heerführer Sisera mit unbeschwerter Miene einen Nagel in den Kopf treibt.

Die Arbeit soll dem lebensfrohen Künstler Mölk viel Spaß gemacht haben. Zudem schätzte er gutes Essen. Dem Genuss von Wein soll er auch während dem Malen auf dem hohen Gerüst nicht abgeneigt gewesen sein.

Adresse Wallfahrtskirche, 3642 Maria Langegg | **Anfahrt** B 33 bis Aggsbach Dorf, abzweigen auf L 162, dann L 109 bis Maria Langegg | **Öffnungszeiten** täglich 8–18 Uhr, in der Sommerzeit 8–20 Uhr | **Tipp** Das Lindwurmkreuz im Dunkelsteinerwald zeigt Maria mit einem Drachen. Eine Legende besagt, dass an dieser Stelle ein Pilger von einem drachenähnlichen Tier attackiert und durch einen Hilferuf zur Gnadenmutter gerettet wurde.

56 Die Goldhauben

Zeitloses Fashion-Feature

Einfach hat es Elfriede Kristament nicht gehabt. Die einst letzte Wachauer Goldhauben-Stickerin verweigerte ihr glatt, das Wissen um die Produktion der wertvollen Kopfbedeckung weiterzugeben, schließlich hätte auch sie es sich selbst beigebracht. Die versierte Kunstgewerblerin ließ sich von diesen Worten nicht abbringen. Als eine Goldhaube für die Enkelin benötigt wurde, setzten sich Mutter und Tochter Kristament zusammen und analysierten ein altes Modell. Die Wachauer Goldhaube ist aus Brokatstoff, Seide und Goldspitzen gefertigt. Aufgrund des markanten runden Teils am Hinterkopf – ganz dem Trend der Empire-Mode Anfang des 19. Jahrhunderts entsprechend – wird sie auch Brettlhaube genannt.

Elfriede und Karin Kristament perfektionierten das alte Handwerk und investieren 150 Stunden Arbeitszeit pro Haube. Eine große Tageszeitung berichtete darüber und bezeichnete den Arbeitsplatz der Kristaments, wo sich neue und alte Goldhauben angesammelt hatten, als Museum. Sofort meldeten sich weitere Besitzerinnen von Goldhauben, die ihre Familienerbstücke als Kulturerbe bewahrt wissen wollten. Die Kristaments nahmen sich derer an, bauten eine Sammlung auf, die tiefe Einblicke in Geschichte und Machart der traditionellen Kopfbedeckung gibt, und präsentieren diese in einem kleinen Museum. Dort finden sich nun Goldhauben aus allen Landesteilen, von der prunkvollen paillettenbesetzten Linzer Goldhaube mit ihrem markanten Kamm bis zu schlichten schwarzen Modellen.

Im 17. Jahrhundert waren die Goldhauben ein Modetrend und wurden gern von Damen in den Städten getragen, ehe sie sich Ende des 19. Jahrhunderts zu einem festen Bestandteil traditioneller Trachten entwickelten. In Österreich war die Wachauer Goldhaube lange Zeit in jedem Geldbörsel zu finden, als sie auf einem Frauenkopf die Zehn-Schilling-Münze zierte. Heute sieht man die Goldhauben immer noch bei festlichen Anlässen.

Adresse Wachauer Goldhauben- und Trachtenmuseum, Alte Friedhofstraße 6, 3512 Mautern | Anfahrt B 33 bis Mautern, abzweigen auf Austraße und im Kreisverkehr Ausfahrt auf Kremser Straße nehmen, dann links auf Sankt Pöltner Straße und rechts in die Alte Friedhofstraße | Öffnungszeiten Mai – Okt. jeden 1. Samstag im Monat 10 – 12 Uhr und 14 – 16 Uhr oder nach Voranmeldung unter Tel. 02732/72643 | Tipp Die passende Tracht zur Goldhaube oder einen schicken Kalmuck-Janker können Sie bei Kleidermacherin Gerda Gartler in der Steiner Landstraße in Krems anfertigen lassen.

57 Die Margaretenkapelle

Mehrzweckgebäude der österreichischen Geschichte

Ohne jeden Zweifel ist ihr das Alter anzusehen. Für ein Bauwerk ist das ein Kompliment. Wenn sich die Spuren der Geschichte in das Mauerwerk eingeschrieben haben, kann es eine Menge über Leben und Wirken von Menschen vergangener Jahrhunderte erzählen.

Mautern ist so etwas wie ein Knotenpunkt der Geschichte. Hier errichteten die Römer das Militärlager Favianis entlang des Donaulimes. Die »Siedlung der Mauteintreiber« wird später im ersten Wirtschaftsdokument Österreichs als Zollstätte erwähnt. Über die Jahrhunderte hinweg haben unzählige historische Persönlichkeiten dieses Nadelöhr passiert, von Kreuzfahrern, Heiligen, einflussreichen Bischöfen und kriegerischen Truppen bis hin zu flüchtenden Monarchen und schwer beschäftigten Künstlern. Die Margaretenkapelle war eine stille Zeugin all dieser Ereignisse, oft aus nächster Nähe.

Errichtet wurde sie direkt an der Mauer des römischen Kastells. 1083 tauchte sie im Stiftungsbrief von Göttweig erstmals offiziell auf. Im 16. Jahrhundert wurde sie Teil des Bürgerspitals, 200 Jahre später musste ihre Schlichtheit den barocken Formen weichen. Kurz darauf rollte die Säkularisierungswelle von Herrscher Joseph II. auch über die Margaretenkapelle. Die Stadt kaufte daraufhin das Gebäude an. Unter den mittelalterlichen Fresken lagerte zwischenzeitlich Getreide, dann wurde die Kapelle zum Feuerwehrhaus. Während des Zweiten Weltkrieges waren Kriegsgefangene aus Frankreich darin eingesperrt. Sie verewigten sich, indem sie die französische Fahne an die Wand malten.

In der Nachkriegszeit zog das Römermuseum ein, ehe es an seinen aktuellen Ort übersiedelte. Nun erzählen neben den restaurierten Inschriften und Fresken auch die Kopien der wichtigsten historischen Dokumente Mauterns in der Kapelle von der Geschichte der »Siedlung der Mauteintreiber«, deren Bedeutung weit über die Ortsgrenzen hinausgeht.

Adresse Alte Friedhofstraße 6, 3512 Mautern | **Anfahrt** B 33 bis Mautern, abzweigen auf Austraße und im Kreisverkehr die Ausfahrt auf Kremser Straße nehmen, dann links auf Sankt Pöltner Straße und rechts auf Alte Friedhofstraße | **Öffnungszeiten** Mai–Okt. jeden 1. Samstag im Monat 10–12 Uhr und 14–16 Uhr, Schlüssel im gegenüberliegenden Goldhauben- und Trachtenmuseum erhältlich | **Tipp** Der Nikolaihof in Mautern ist ein geschichtsträchtiger Ort: Auf römischen Fundamenten erbaut, zählt er zu den ältesten Weingütern Österreichs.

58 Die Mauterner Brücke

Industriedenkmal und Zeitzeuge

Es ist ihr anzusehen, dass sie ein technisches Meisterwerk vergangener Tage ist. Die Fachwerkkonstruktion fügt sich in das Bild der Landschaft ein, als wäre sie schon immer da gewesen. Beim Überqueren zu Fuß oder mit dem Rad schützen die grünen, von Hand genieteten Brückenstreben vor motorisiertem Verkehr, sodass sich der Blick auf Stein auf der einen und in Richtung Wachau auf der anderen Seite ausgiebig genießen lässt.

Als die Brücke 1895 über die Donau gespannt wurde, war Stahl das angesagte Material, das infolge der industriellen Revolution völlig neue Möglichkeiten eröffnete. Zwischen Wien und Linz gab es damals nur diese eine Möglichkeit, die Donau trockenen Fußes zu überqueren, von den Fähren einmal abgesehen.

Für kurze Zeit führten im Frühjahr 1895 zwei Straßenbrücken nebeneinander nach Mautern, bis das ältere Bauwerk abgetragen wurde. Mit ihm verschwand die letzte Holzbrücke über die Donau. Als diese Mitte des 15. Jahrhunderts errichtet worden war, war sie erst die zweite Donaubrücke – nach jener in Wien.

Die Mauterner Brücke eröffnete der wachsenden Handelsstadt Krems große wirtschaftliche Vorteile. Aufgrund der neuen Situation bildete sich ein Nadelöhr, durch das nicht nur die Menschen nördlich und südlich der Donau strömten, um Handel zu treiben, sondern auch kriegerische Truppen. So ist die Mauterner Brücke Zeuge für ein Europa, das vor seiner Einigung laufend Kriege führte. Als strategischer Punkt wurde die Brücke viele Male zerstört – oft von österreichischer Seite, um herannahenden Gefahren den Weg abzuschneiden – und danach wieder repariert. Das letzte Mal geschah das im 20. Jahrhundert. Wer Russisch versteht, kann die Tafel am Eingang auf der rechten Seite lesen. Dort erfährt man, dass die Brücke am 8. Mai 1945 von den Nationalsozialisten zerstört und von der Roten Armee danach wieder instand gesetzt wurde.

Adresse 3512 Mautern | Anfahrt B 33 bis Mautern, abzweigen auf Austraße und im Kreisverkehr die Ausfahrt auf die Mauterner Brücke nehmen | Tipp Für den Kreisverkehr bei der Mauterner Brücke hat Gregor Kremser die Skulptur »Bausteine einer Stadt« gestaltet. Die Kuben zeigen Ausschnitte aus der Kulturgeschichte von Mautern.

59_Das Römermuseum

Alltag an der Außengrenze

Zu Zeiten des Severin von Noricum im 5. Jahrhundert war das heutige Mautern bereits seit mehr als einem halben Jahrtausend römisch. Favianis, in etwa so groß wie der heutige Stadtkern, war Militärstützpunkt und Verkehrsknoten und beherbergte einen Teil der römischen Donauflotte. Es gab städtische Infrastruktur inklusive einer Warmbadeanstalt und einiger Töpfereien. Bei Ausgrabungen fanden sich unzählige Spuren des Alltagslebens, darunter das später als Terra sigillata bezeichnete Tafelgeschirr der Römer. Auf dem Holztisch im Römermuseum wirkt es wie Großmutters wertvolles Service, das seit Generationen weitervererbt wird. Die mit Reliefbildern verzierten roten Keramikgefäße wurden damals schon in Masse produziert und waren eine heiß begehrte Importware. Jedes Gefäß trägt das Siegel der Töpferei.

Damals wie heute waren es die großen Themen des Lebens, welche die Menschen beschäftigten. Ein noch erhaltener Liebeszauber verwünscht einen treulosen Gatten und hetzt ihm sogar die Götter der Unterwelt auf den Hals. Derartige Flüche wurden häufig in dünnes Blei geritzt, eingerollt und an wichtigen Plätzen versteckt, damit der Zauber seine Wirkung tun konnte.

Severin von Noricum prägte das Leben in Favianis, als das Weströmische Reich bereits im Zerfall begriffen war. Von dem Mönch Eugippius, der eine Biografie über den Heiligen verfasste, wird Severin als charismatische Persönlichkeit beschrieben. Er gründete ein Kloster, organisierte Lebensmittel und Kleidung und galt als wichtiger Verhandler mit den Rugiern auf der anderen Donauseite.

Der Legende nach soll er dem germanischstämmigen Offizier Odoaker den Rat gegeben haben, nach Rom zu gehen. Dieser setzte dort den letzten weströmischen Kaiser Romulus Augustus ab und wurde König von Italien. Als die romanische Bevölkerung von Ufernoricum abgesiedelt wurde, ließ Odoaker Severins Leichnam nach Neapel mitnehmen.

Adresse Schlossgasse 12, 3512 Mautern | **Anfahrt** B 33 bis Mautern, abzweigen auf Austraße und im Kreisverkehr die Ausfahrt auf Kremser Straße nehmen, dann rechts in die Schlossgasse | **Öffnungszeiten** unter www.mautern-donau.at | **Tipp** Jeden ersten Samstag im Monat können Sie an einer Führung durch die »Römerstadt – Weinstadt – Bürgerstadt« Mautern teilnehmen (www.mautern-donau.at).

60_Die Stephanskirche

Kleine Schwester des großen Doms

Zufrieden lächeln der Passauer Bischof Reginmar mit Stab und Mütze und Leopold IV. von Österreich in rotem Umhang und mit Schwert an der Hüfte in die Kameras. Für den jungen Markgrafen ist es eine seiner ersten großen Amtshandlungen. Zwischen den beiden Männern herrscht Einigkeit, sie haben immerhin gerade Geschichte geschrieben. Die wird in Form eines Tauschvertrags mit Unterschrift und Siegel präsentiert. Der Initiator des Spektakels, der umtriebige Lokalhistoriker Josef Hadrbolec, überreicht den Anwesenden das Faksimile jenes Dokuments, in dem Wien zum ersten Mal in der Geschichte als Stadt bezeichnet wird.

Was im Jahr 1997 in der Mauterner Stephanskirche unter großem Interesse nachgespielt wurde, hat 860 Jahre zuvor tatsächlich hier – auf dem Altar des heiligen Stephanus – stattgefunden. Nur ohne Kameras, Medien und Historiker.

Weil die Mauterner Pfarre dem Bischof von Passau unterstand, ist auch die Pfarrkirche dem Patron des damaligen Erzbistums geweiht. Stephanus war der erste christliche Märtyrer, und sein Andenken ist in allen bedeutenden Kirchen, die zu Passau gehörten, zu finden.

Im Jahr 1137 war Markgraf Leopold IV. gerade erst in die Fußstapfen seines Vaters Leopold III. getreten, der als einflussreiche politische Persönlichkeit und Heiliger in die Geschichte eingehen sollte. Mit dem Mauterner Tauschvertrag, über dessen feine Details Generationen von Historikern rätselten, übergab er dem Bischof die älteste Wiener Kirche. Damit einhergehend kamen die Pfarre und alle Kirchen der Stadt in den Einflussbereich von Passau. Im Gegenzug erhielt der Markgraf einen Weingarten und eine Reihe von Ländereien rund um Wien, die zum Pfarrgut gehörten. Einige Parzellen außerhalb der damaligen Stadt behielt sich jedoch der Bischof vor. Dort wurde eine neue, mächtige Kirche gebaut, die ebenfalls dem Passauer Kirchenpatron geweiht wurde: der Wiener Stephansdom.

Adresse Kirchenplatz 1, 3512 Mautern | **Anfahrt** B 33 bis Mautern, abzweigen auf Austraße und im Kreisverkehr die Ausfahrt auf Kremser Straße nehmen, dann rechts auf Kirchenplatz | **Öffnungszeiten** ganzjährig tagsüber bis zum Gittertor geöffnet | **Tipp** Am heutigen Südtiroler Platz, einst außerhalb der Stadtmauer gelegen, lebte der »Ritter von Janaburg«. Hinter dem triumphbogenartigen Spätrenaissanceportal befinden sich nun Wohnungen.

61_Die Gleisrillen

Alle Wege führen nach Rom

In der Antike hätte man sich in Acht nehmen und öfter einmal nach links und rechts schauen müssen. Wo heute ein Wanderweg verläuft, war damals eine Straße, auf der Reiter und Wagen unterwegs waren. Folgte man ihr bis zur Hauptstraße und weiter, dann gelangte man am Ende einer langen Reise zum goldenen Meilenstein am Forum Romanum in Rom. Dort war der Ausgangspunkt eines Hunderttausende Kilometer weit reichenden Straßennetzes, das alle Teile des Römischen Reiches mit dem Zentrum verband.

Das rechte Ufer der Wachau bildete seit der Eroberung und Eingliederung des keltischen Königreichs Noricum einen Teil der nördlichen Grenze des Römischen Reiches. Als man sich in Rom darüber klar war, dass es nicht mehr möglich war, das Reich weiter in den Norden auszudehnen, wurde das Donauufer mit einer Kette von Wachtürmen gegen die Germanen auf der anderen Seite abgesichert. Eine alte Grenze, die sich heute noch leicht nachvollziehen lässt – die Überreste der Befestigungen stehen mehr oder weniger am Straßenrand zwischen Melk und Mautern. In der Römerzeit verlief dort allerdings keine durchgehende Straße, weil es an der Donau zu sumpfig für den Straßenbau war. Nur über Zufahrtswege konnten die Römer zu den Türmen gelangen. Die Limesstraße zweigte in Mautern in den Dunkelsteinerwald ab.

Leider sind oft militärische Beweggründe der Motor für große technische Leistungen der Menschheit. Beim römischen Straßenbau war es nicht anders. Durch das Straßennetz konnten die Römer Truppen schnell bewegen und das Reich leichter kontrollieren.

Die Hauptverkehrsadern hatten einen ausgeklügelten Unterbau, der bis zu eineinhalb Meter tief und auf stark befahrenen Routen so breit war, dass mehrere Fuhrwerke nebeneinander Platz hatten. In höherem Gelände, wie im Dunkelsteinerwald, schlugen die Römer Gleisrillen ins Gestein. Besonders in steilem Terrain hatten die Wagen dadurch einen sicheren Halt.

Adresse 3512 Mauternbach | **Anfahrt** B 33 bis Hundsheim, abzweigen und rechts nach Mauternbach, nach Überqueren des Mauternbachs bei der Beschilderung »zur Römerstraße mit Gleisspuren« rechts abbiegen | **Tipp** Folgen Sie dem Wanderweg bis zur Ferdinandswarte, die Ihnen einen Panorama-Ausblick von Rossatz über Dürnstein und Loiben bis nach Stein, Krems und Göttweig eröffnet.

62 Die Pfarrerstochter

Stürmische Zeiten der Gegenreformation

Ein langes Leben war ihr nicht vergönnt. Betend vor dem Kreuz, mit einem kleinen Hund an ihrer Seite, ist sie dargestellt. Der lateinische Text auf dem Grabstein, der ursprünglich in der Kirche oder auf dem Friedhof von Mautern stand, gibt nur wenig preis. Man erfährt, dass sie mit gerade einmal viereinhalb Jahren aus dem Leben gerissen wurde und eine »Trennbach-Tochter« war.

Ein Blick in die Geschichtsbücher offenbart, was dahintersteckt. Maria Trennbach wurde in die Zeit der Gegenreformation hineingeboren. Ihr auf dem Grabstein nicht erwähnter Vater Sixtus Laurentius Trennbach gehörte dem Konvent des Stiftes Göttweig an. 1564 übernahm Michael Herrlich als Abt ein praktisch verwaistes und hoch verschuldetes Kloster. Nach 40 Jahren im Amt hatte er es wiederaufgebaut, wofür er als zweiter Klostergründer in die Ordensgeschichte einging. Abt Herrlich vertrat eine tolerante Haltung, ließ sich Zeit mit gegenreformatorischen Maßnahmen und pflegte Kontakte mit Protestanten. Er ließ seinen Mitbruder Sixtus Laurentius Trennbach nicht nur unbehelligt mit Frau und Tochter Maria im Mauterner Pfarrhof wohnen, sondern akzeptierte diesen sogar als Prior.

Währenddessen machte in Wien ein anderer Geistlicher Karriere als Gegenreformator und Kanzler des Kaisers. Melchior Khlesl wurde vom Passauer Bischof Urban von Trennbach angewiesen, Sixtus Laurentius Trennbach Wappen und Siegelring abzunehmen. Der Bischof duldete den illegitimen Sohn einer Verwandten nicht im Stammbaum der ehrwürdigen Familie Trennbach. Abt Herrlich hatte mit dem aufstrebenden Khlesl selbst ein Hühnchen zu rupfen, sollte dieser doch nach einem Kirchenbrand in Göttweig die Reliquien des Klostergründers Abt Altmann nach Wien überführen – was Herrlich verhindern konnte. Sixtus Laurentius übernahm schließlich die Leitung der zu Göttweig gehörigen Pfarre Unternalb, wo er begraben liegt.

Adresse 3512 Mauternbach | **Anfahrt** B 33 bis Hundsheim, abzweigen nach Hundsheim und dann rechts nach Mauternbach, Bildstock gegenüber dem Weingut der Familie Dürauer | **Tipp** Kehren Sie nach einer Bootsfahrt beim Heurigen Siedler in Hundsheim ein, wo Sie direkt am Steg der modernen Weinlodge anlegen können.

63 Die alte Post

Vom Glanz vergangener Tage

Dass das Befördern von Menschen, Briefen und Waren in Postkutschen einmal eine schillernde Angelegenheit war, zeigt sich am alten Melker Postgebäude. Dieses hatte den Ruf, das schönste im ganzen Land zu sein. Es sieht aus wie ein kleines Schloss, reich geschmückt mit allem, was zum Postwesen dazugehört. Man findet Porträts von Postmeistern, Adler mit Posthörnern, allerhand Symbole und Gegenstände des Berufsstands wie Sattelzeug, Kuriertaschen, Reiterstiefel und den römischen Götterboten Merkur. Schließlich waren die Römer die ersten in der Umgebung, die ein professionelles Nachrichtenübermittlungswesen pflegten. Es gab Pferdeställe, Aufenthaltsräume und Nachtquartiere für die erschöpften Durchreisenden.

Erbauen ließ das prunkvolle Postgebäude Joseph Weber Edler von Fürnberg. Der frühe Industrielle hatte ein Händchen für gute Geschäfte. Er kaufte große Teile des südlichen Waldviertels, die damals einem Urwald glichen, baute ein Holzimperium auf, mit dem er einen erheblichen Teil des Wiener Brennholzbedarfs deckte und zahlreiche Glashütten betrieb, schuf Transportwege und Infrastruktur. Fürnberg erkannte, dass es klug war, die Orte im Waldviertel mit einer Postlinie bis zur Donau zu verbinden, einen ähnlichen Weg nahm sein Holz über das Wasser. Für sein Vorhaben erbat er sich das kaiserliche Postprivileg.

Das Schwinden der Wälder führte dazu, dass das hemmungslose Abholzen reguliert wurde. Fürnberg geriet finanziell in die Bredouille und war gezwungen, dem Kaiser große Teile seiner Besitzungen zu verkaufen. Er sattelte ganz auf das Postwesen um, kaufte einige Poststationen an der Reichsstraße und ließ sie neu bauen.

Die Melker Post wurde bald nach Fürnbergs Tod verkauft. Längst werden dort keine Pakete mehr geschupft. Das steinerne Rokoko-Sofa vor dem Eingang, auf dem schon die Postkutschen-Passagiere gern Pause machten, lädt aber immer noch zum Ausruhen ein.

Adresse Linzer Straße 3, 3390 Melk | **Anfahrt** B 1 bis Melk, abzweigen auf Kremser Straße und dann rechts auf Linzer Straße | **Öffnungszeiten** nur von außen zu besichtigen | **Tipp** In der Tischlerei Melk, wo einst Möbel produziert wurden, finden nun erstklassige Kulturveranstaltungen statt.

64 Das Donaugold

Von Glücksrittern und goldenen Kelchen

Alchemisten wollten es künstlich herstellen; Glücksritter gaben all ihr Hab und Gut auf, in der Hoffnung, damit reich zu werden. Selbst die Donau schien dieses Glück zu verheißen, sollen doch schon die Kelten Gold aus ihr gefördert haben. Auch wenn sie nie eine richtige Goldader war, packte einzelne Menschen immer wieder das Goldfieber.

Ein Dürnsteiner Stiftsverwalter etwa errichtete auf der Hundsheimer Insel bei Mautern eine Goldwäscherei. Nach einem andauernden Hochwasser, das ihm die Arbeit verunmöglichte, und einem Ertrag von gerade einmal 2,17 Gramm musste er nach zwei Betriebsjahren das Handtuch werfen.

Donaugold ist wie feiner Staub. Um daran zu gelangen, musste es mühselig aus dem Sand »gewaschen« werden. So mir nichts, dir nichts war das allerdings nicht erlaubt, dafür war eine Genehmigung der Finanzbehörde vonnöten. Ganze Aktenberge im österreichischen Hofkammerarchiv berichten von Lizenzvergaben, Territorialverletzungen und streitenden Goldwäschern.

Dass die Sisyphusarbeit des Goldwaschens auch Ergebnisse zeitigte, ist im Stift Melk zu sehen. Dort steht in den Kaiserzimmern ein Kelch aus Donaugold. Über eine Goldwäscherei selbst findet sich ein Dokument im Stiftsarchiv. 1695 nahm der Grundbuchschreiber des Klosters, Jakob Schimrich, Donaugold entgegen. Neugierig auf die Tätigkeit der Goldwäscher, vereinbarte er einen Besuch bei der Schotterbank, wo gerade Gold gewaschen wurde. Diese Stelle liegt ein Stück abwärts vom heutigen Kraftwerk – seit dem Bau desselben ist sie jedoch nicht mehr vorhanden. Schimrich beschrieb die Instrumentarien der Goldwäscher, von der Waschbank über eine Schweineblase bis zu Wurfgittern, ebenso detailliert wie den mühsamen Waschvorgang, der auch einen höchst schädlichen Arbeitsschritt erforderte: Um das Gold zu binden, verwendeten die Goldwäscher Quecksilber. Reich werden konnte man mit der mühevollen Arbeit an der Donau nicht.

Adresse Donaukraftwerk, 3390 Melk | **Anfahrt** B 1 bis Winden bei Melk, dann abzweigen zum Donaukraftwerk | **Tipp** Das Stift Melk birgt viele Kunstschätze, etwa auch ein übermaltes Kreuz des Künstlers Arnulf Rainer.

65 Die falsche Loos-Villa

Architekturnerds lassen sich nicht täuschen!

Namensgleichheiten führen bekanntlich oft zu Verwechslungen. Welcher Architektur-Liebhaber würde bei einem Gebäude, das den Namen »Villa Loos« trägt, nicht gleich an den Architekten Adolf Loos denken? Weit gefehlt! Aber stilistisch gar nicht so weit, denn in architektonischer Hinsicht ist die Villa ein Aufbruch in die Moderne.

In der zweiten Hälfte des 19. Jahrhunderts erlebte Melk einen Aufschwung. Ab 1837 legten die Schiffe der Ersten Donau-Dampfschifffahrts-Gesellschaft regelmäßig hier an. Kaum 30 Jahre später verband die neue Kaiserin-Elisabeth-Bahn Melk mit der Hauptstadt Wien im Osten und Salzburg im Westen. Die neuen Verkehrsmittel brachten Touristen und damit einen neuen Wirtschaftszweig. Die Gründerzeit setzte ein und veränderte das Leben der Menschen am Fuße des barocken Stiftes. Die alten Stadtmauern wurden obsolet, die Bevölkerung wuchs.

Neben zahlreichen öffentlichen Gebäuden wie dem Spital, der Volksschule und dem Gericht erschloss das Bürgertum mit repräsentativen Bauten neue Straßenzüge. Modell dafür stand die Mustervilla in der Abt-Karl-Straße 6, die der Architekt Carl Ritter von Borkowski errichtete. Unter seiner Federführung entstand in Wien das Cottage-Viertel, eine Gartenstadt mit unterschiedlichen Normvillen, die nach dem Baukastenprinzip individuell gestaltet werden konnten – reichlich mit historistischen Formen versehen. Melk erhielt sein eigenes Cottage-Viertel. Aus diesem Kanon sticht die 1901 errichtete Loos-Villa geradezu hervor. Ihr Namensgeber ist der Notar Hans Loos von Losimfeldt, der den Architekten Josef Plecnik mit ihrem Bau beauftragte. Plecnik war zuerst Schüler und später Nachfolger Otto Wagners. Mit der Villa mit den markanten Kacheln schuf er einen Gegenentwurf zum überbordenden historistischen Formensupermarkt der Nachbarschaft. Im Kern noch dem Jugendstil verpflichtet, zeigt sie bereits die Schlichtheit der Moderne.

Adresse Abt-Karl-Straße 16, 3390 Melk | **Anfahrt** B 1 bis Melk, abzweigen auf Abt-Karl-Straße | **Öffnungszeiten** nur von außen zu besichtigen | **Tipp** »Der rote Faden« ist ein Themenweg, der anhand von 30 Sehenswürdigkeiten durch die Melker Geschichte führt.

66 Das Melk Memorial

Gegen das Vergessen

Shaul Schpilmann war 13 Jahre alt, als er in das KZ Melk gebracht wurde. Davor war er bereits im KZ Theresienstadt und im KZ Auschwitz-Birkenau gewesen. Dort war seine Mutter gestorben, und er war von seinem Vater getrennt worden. Danach hatte er einen 13-tägigen Todesmarsch überlebt. Über das KZ Mauthausen kam er nach Melk, wo er zehn Stunden am Tag Kartoffeln schälen musste. Franz Schikora verweigerte als junger Mann den Dienst in der Wehrmacht. Er wurde deswegen nach Auschwitz deportiert und in den letzten Wochen vor Kriegsende nach Melk transportiert. Dort musste er mit anderen KZ-Häftlingen mit dem Presslufthammer einen Stollen anlegen.

Shaul Schpilmann und Franz Schikora überlebten und erzählten ihre Geschichten. 14.388 Menschen aus 26 Ländern waren ins KZ Melk deportiert worden. Die Todesopfer sind auf einer großen Wand im Pietätsraum vermerkt, es waren 4.884.

Das in der Biragokaserne untergebrachte Konzentrationslager war ein Nebenlager von Mauthausen und bestand zwischen April 1944 und April 1945. Die KZ-Häftlinge mussten eine unterirdische Stollenanlage im nahen Wachberg errichten, wo von der Firma Steyr Daimler Puch Rüstungsgüter hergestellt wurden. Als Zwangsarbeiter wurden sie von der SS an die Baufirmen »vermietet«. Die extremen Bedingungen im Stollen ohne angemessene Kleidung und die unzureichende Ernährung erklären die hohe Zahl der Todesopfer. Hinzu kamen grausame Misshandlungen durch die Wachmannschaften und Morde. Der SS-Sanitätsdienstgrad Gottlieb Muzikant tötete geschwächte Häftlinge, indem er ihnen tödliche Injektionen verabreichte.

3.500 Todesopfer wurden im Krematorium des Lagers verbrannt. In der Nachkriegszeit wurde es zur Gedenkstätte. Eine engagierte Melkerin betreute diese, bis der Verein »MERKwürdig« diese Aufgabe übernahm, der sich um die Aufarbeitung der Geschichte kümmert und sich mit Rassismus und Rechtsextremismus auseinandersetzt.

Adresse Schießstattweg 8, 3390 Melk | Anfahrt B 1 bis Melk, abzweigen auf Abt-Karl-Straße, dann Prinzlstraße, dann rechts auf Dorfnerstraße bis zum Schießstattweg | Öffnungszeiten Der Schlüssel kann jederzeit bei der Wache im Eingangsbereich der Kaserne (Prinzlstraße 22) ausgeborgt werden – Lichtbildausweis mitnehmen. | Tipp Dr. Josef Sora war Lagerarzt im KZ Melk und bemühte sich sehr um das Wohl der Häftlinge. Vor der Auflösung des Lagers konnte er die geplante Massentötung aller Häftlinge abwehren. Nach ihm wurde in Melk ein Platz benannt.

67_Der Paradiesgarten

Poesie der Pflanzen

»Und wenn einmal feindselige Stiefmütter Gifte zusammensuchen und sie dir ins Getränk mischen«, schrieb der Benediktinermönch Walahfrid Strabo, »so unterdrückt ein sogleich genommener Trank des heilsamen Andorns die Lebensgefahr.« Wer weiß, wem damit schon das Leben gerettet wurde. Ebenso mit dem Odermenning, der bei Stichwunden zu verwenden sei.

Strabo wurde Anfang des 9. Jahrhunderts in das Europa Karls des Großen hineingeboren. Im Rahmen einer Bildungsreform wurde das vorhandene Wissen neu geordnet. Vorangetrieben durch Klosterschulen, die nach dem Vorbild der kaiserlichen Hofschule gegründet wurden, konnte es systematisch verbreitet werden. Die lateinische Sprache erlebte ebenso eine Renaissance wie die Schriftsteller der Antike. Durch eine Landgüterordnung ließ Karl der Große Gärten errichten, in denen Kräuter für Küche und Medizin gepflanzt wurden. Diese Schrift beeinflusste den gelehrten Mönch Strabo, der im Kloster Reichenau am Bodensee lebte und später am Hof in Fulda den Enkel Karls des Großen unterrichtete, ebenso wie eine Reihe antiker Bücher über Medizin und Landbau, Vergils Gedichte und die Metamorphosen des Ovid. Für Strabo war die Gartenarbeit Ausdruck der grundlegenden benediktinischen Prinzipien »Ora et labora« (»Bete und arbeite«).

Das Lehrgedicht »De cultura hortorum« (»Über den Gartenbau«) zählt zu seinen bekanntesten Schriften. Darin vermittelt er wortgewandt das Basiswissen zur Gartenarbeit, beschreibt mehr als 20 Heilpflanzen von der Katzenminze bis zum Liebstöckel und erklärt ihre Wirkungen. Voll Poesie endet das Gedicht mit der Rose.

Pater Martin Rotheneder hat die Worte Strabos zum Blühen gebracht und im Melker Stiftspark auf der Grundlage des Lehrgedichts den Paradiesgarten anlegen lassen. Aus den gewonnenen Kräutern hat er drei unterschiedliche Liköre kreiert, die symbolisch für Morgen, Mittag und Abend stehen.

Adresse Stift Melk, Abt-Berthold-Dietmayr-Straße 1, 3390 Melk | Anfahrt B 1 bis Melk, im Kreisverkehr auf der Umfahrungsstraße abzweigen auf Stiftsstraße und den Schildern zum Parkplatz folgen | Öffnungszeiten Stiftspark: Apr.–Okt. 9–18 Uhr | Tipp Im Prälatenhof des Stiftes Melk befinden sich Fresken der vier Kardinaltugenden in einer modernen Interpretation des Malers Peter Bischof.

68 Die Pielachmündung

Karibik unter der Donaubrücke

Scheint die Sonne, dann passen die Klänge einer Ukulele fast besser zu diesem Anblick als ein Walzer. Ein langer Strand, breite Sandbänke, glitzerndes Wasser: Die viel besungene blaue Donau hat hier einen Touch von Südsee. Nur dass man anstelle von Palmen unter Hainbuchen und Eichen liegt und statt Fregattvögeln und Papageien mit etwas Glück einen Eisvogel, Flussamseln oder Wasseruferläufer zu Gesicht bekommt. In den mehr als 100 Jahre alten Wäldern entlang der Pielach finden sich 40 bedrohte Pflanzenarten, darunter die zarte Essigrose, Kuhschellen und Windröschen. Auch Biber, Fischotter und selten gewordene Fledermäuse finden darin Zuflucht.

Die Pielach fließt in ein kleines Mündungsdelta, das sich sanft zwischen Kiesbänken in die Donau zieht. Bevor das Flussbett flach wird, zeigt es sich in einem langen Mäander noch einmal von der wildromantischen Seite. Dort sammelt sich nicht selten ausgewaschenes Treibholz zwischen den größeren Steinen. Je nach Wasserstand verändert sich das Naturschauspiel. Dass nur ein Stück dahinter die Straße verläuft, merkt man nicht. Einziges Zeichen der Zivilisation ist die Melker Donaubrücke, welche hoch über der Landschaft steht – wie ein Objekt aus einer anderen Welt.

Nicht immer fühlte sich dieser Ort so naturnah an. Mit der Errichtung des Flusskraftwerks Melk Ende der 1970er Jahre wurde die Mündung reguliert, die Pielach musste über eine Steinrampe in die Donau fließen. Fische konnten bei niedrigem Wasserstand nicht hindurchschwimmen. Seit dem Mittelalter schon erschwerte es eine Wehr ein Stück flussaufwärts den Donaufischen, die Pielach hinaufzuwandern.

Das paradiesisch anmutende Stück Land ist mittlerweile unter Naturschutz gestellt. Dazu wurden Grundstücke erworben, die letzten Wildflussabschnitte gerettet, Fischaufstiegshilfen in der Pielach errichtet und die Mündung in einen naturnahen Zustand zurückgebaut.

Adresse 3390 Melk | Anfahrt B 1 bis Melk, dann auf B 33 und nach Passieren der Melker Brücke parken, zu Fuß weiter zur Mündung gehen | Tipp Der Bildhauer Wander Bertoni gestaltete die Skulptur »Doppelte Prora« am Beginn der Melker Donaubrücke.

69__Die Sterngasse

Wenn Häuser Geschichten erzählen

Einmal abbiegen und einen Ausflug ins Mittelalter machen. Die Häuserzeile in der Sterngasse ist direkt an den Hang des Stiftsberges gebaut. Es gab sie schon, als oberhalb noch eine Festung stand. Lange Zeit war sie die Hauptverkehrsader durch Melk. Die Häuser erzählen Geschichten von jahrhundertealter Wirtshaustradition oder der Durchreise des englischen Königs Richard Löwenherz – für die es keinen Beweis gibt.

Das älteste Haus in der schmalen Gasse, mit der Nummer 19, war ursprünglich ein Pfarrhof. Die Wandmalereien, die einen Hirten mit Kühen und Schafen zeigen, geben Hinweis auf den Besitzer des Hauses, einen Fleischermeister. Ebenso ist eine Frau mit Federhut zu sehen, die einem Mann mit Barett einen Becher reicht. Das dritte Motiv könnte, wenn man den Legenden glaubt, auf einen berühmten Nächtigungsgast aus dem Jahr 1192 hinweisen. Handelt es sich dabei doch um einen heraldischen Löwen, das Wappentier von Richard Löwenherz, der in Dürnstein gefangen gehalten wurde. Auf dem Weg ins deutsche Speyer, wo er Kaiser Heinrich VI. übergeben wurde, soll er hier mit seinen Bewachern genächtigt haben. Lange danach diente das Gebäude auch als Poststation.

Ihren Namen hat die Gasse vom Gasthaus »Goldener Stern«, heute ein Apartment-Haus. Die ehemalige Stiftstaverne, die ihren Wein günstiger verkaufen durfte als die Konkurrenz, wurde von Franz Munggenast 1736 barockisiert. Munggenast wuchs in einem inspirierenden Umfeld auf. Sein Vater schuf mit dem Architekten Jakob Prandtauer den imposanten Neubau des Stiftes Melk. Er selbst baute später den Pavillon im Stiftspark.

Das Haus mit den Bruchsteinmauern, das ein Stück erhöht am Ende der Sterngasse steht, dürfte der Barockbaumeister in seiner heute noch erhaltenen Form schon gekannt haben. Sein edles Alter wird von einem knorrigen Weinstock, der es umrankt, unterstrichen.

Adresse Sterngasse, 3390 Melk | Anfahrt B 1 bis Melk, dann abzweigen auf Kremser Straße und links in die Sterngasse | Tipp Das Café Central ist das älteste Kaffeehaus in Melk. In der hauseigenen Kaffeerösterei werden feinste Arabicabohnen verarbeitet.

70_Die Übermalungen

Manchmal kommen sie wieder

Die Melker Stiftsbibliothek ist seit vielen Jahrhunderten einer der großen Wissensspeicher Europas. Als sich die Benediktiner im Jahr 1089 auf dem Felsen über der Donau niederließen, brachten sie bereits Schriften mit. Eine Bibliothek war von Anfang an vorhanden. Heute umfasst sie mehr als 100.000 Bände, davon 1.800 Handschriften und 800 frühe Drucke. Ihr imposantes Erscheinungsbild erhielt sie beim barocken Neubau, den der visionäre Abt Berthold Dietmayr vollzog. Dabei kamen Größen wie der Südtiroler Barockmaler Paul Troger zum Zug, der unter anderem die Fresken im Marmorsaal und in der Bibliothek schuf.

Unter Abt Urban Hauer, der ein Vierteljahrhundert nach Dietmayrs Tod das Ruder im Stift übernahm, kam einer der bedeutendsten Schüler Trogers, der Maler Johann Bergl, nach Melk. Er wurde mit der malerischen Ausgestaltung des Gartenpavillons beauftragt. Dies war der Beginn einer künstlerisch-freundschaftlichen Beziehung zwischen dem Künstler und dem Stift Melk, die mehr als 20 Jahre lang halten sollte.

Neben größeren Aufträgen übernahm Bergl auch Gelegenheitsarbeiten, die da und dort anfielen. Im Sommer 1781 wünschten Prior und Konvent, dass die Fensternischen in der Bibliothek übermalt werden sollten. Dort befanden sich Porträts von Benediktinern und Benediktinerinnen, die wissenschaftliche Leistungen erbracht hatten. Lange schon hatten sich die Mönche an den dunklen Gestalten mit ihren ernsten Mienen gestört, die so gar nicht zum farbenfrohen Deckenfresko Paul Trogers passten. Bergl nahm sich der Sache an und stellte ein einheitliches Erscheinungsbild her. Im Laufe der Zeit jedoch geschah etwas Unheimliches. Bergls Architekturmalerei begann überall dort zu bröckeln, wo sich ein Porträt dahinter verbarg. Langsam, aber konsequent bahnten sich die Übermalten wieder ihren Weg an die Oberfläche und blicken mit strengen Mienen aus den Nischen.

Adresse Stift Melk, Abt-Berthold-Dietmayr-Straße 1, 3390 Melk | Anfahrt B 1 bis Melk, im Kreisverkehr auf der Umfahrungsstraße abzweigen auf Stiftsstraße und den Schildern zum Parkplatz folgen | Öffnungszeiten täglich geöffnet, im Winter nur mit Führung zu besichtigen; Informationen unter www.stiftmelk.at | Tipp Als Umberto Eco nach dem Erfolg seines Romans »Der Name der Rose« das Stift Melk besuchte, fälschten einige Patres ein Pergament, auf dem ein »Adson von Melk« erschien. Der Schriftsteller erkannte den raffinierten Schwindel sofort und schätzte den Humor der geistreichen Benediktiner.

71 Der Rührsdorfer See

Gruselgewässer mit Erholungsfaktor

Man kann darüber diskutieren, ob das Wort »See« der Sache gerecht wird. Das Gewässer unterhalb des 671 Meter hohen Seekopfes mit seiner bizarren Felsformation unterliegt einer gewissen Schwankung. Je nach Wetter und Jahreszeit ist es da oder nicht.

Besonders an Herbst- und Wintertagen findet man hier eine eigene Welt: Die Landschaft ist verschleiert vom Nebel, Schilf und Äste ragen aus dem Wasser. Wer sich zu nahe heranwagt, steht schon auf sumpfigem Untergrund. Angesichts dieser Kulisse ist es nicht verwunderlich, dass sich die Einheimischen seit jeher übernatürliche Geschichten vom See erzählen. In dunklen Nächten soll es vorkommen, dass man einem geisterhaften Priester begegnet, der – ein aufgeschlagenes Messbuch in seinen Händen – durch den Wald prozessiert. Es kann auch sein, dass ihm eine Schar Ministranten folgt.

Was machen all die Kirchengeister mitten im Wald? Die Erklärung dafür liefert eine Sage, der zufolge eine ganze Kirche samt geistlichem und weltlichem Personal an der Stelle des Sees untergegangen ist. Da versteht es sich von selbst, dass die Geister gelegentlich aus dem Boden steigen und ihr Schicksal beklagen. Da der Rührsdorfer See ein periodisches Gewässer ist und je nach Feuchtigkeit eine Wiese, ein See oder ein Flachmoor sein kann, ist die Urangst vor dem Im-Boden-Versinken, die den Geschichten innewohnt, nicht weit hergeholt.

Während der Raunächte um Weihnachten und Neujahr sollen sich am Rührsdorfer See noch ganz andere Dinge abspielen: Dann soll die Wilde Jagd, eine übernatürliche Gefolgschaft von Jägern, Höllenhunden und Sagengestalten, hier durchziehen. Das laute Getöse wollen die Menschen in vergangenen Zeiten bis ins Tal hinunter gehört haben. Der gut versteckte See versprüht trotz all der Schauergeschichten auch eine Portion Idylle. Unter der Oberfläche tummeln sich unzählige Goldfische, und auf einer Bank lässt sich die Ruhe genießen.

Adresse 3621 Mitterarnsdorf | Anfahrt B 33 bis Bacharnsdorf und über den steilen Meurersteig oder von Schenkenbrunn (Kreuzberg-Stelle) aus über den Jakobsweg und ab dem Herrnplatzl den Wanderweg 653 in Richtung Seekopf | Tipp Die Aussichtswarte am Seekopfgipfel bietet einen schönen Rundumblick über den Dunkelsteinerwald und hinab zur Donau.

72 Die Gründungsbank

Woher das Geld kam

Nach den jüngsten Wirtschafts- und Finanzkrisen ist das Vertrauen der Menschen in die großen Banken nicht mehr das größte. Aus heutiger Sicht, in Zeiten von Niedrigzinsen und Risikogeschäften, wirkt ein Rückblick auf die ersten Darlehenskassenvereine fast versöhnlich.

Gerade die Bauern traf es hart in der zweiten Hälfte des 19. Jahrhunderts. Einerseits waren sie endlich von ihrer jahrhundertelangen Untertanenschaft befreit und besaßen ihren eigenen Grund und Boden, andererseits hatten sie mit dem Preisdruck, dem Konkurrenzkampf und der freien Marktsituation zu kämpfen. In Deutschland hatte der Sozialreformer Friedrich Wilhelm Raiffeisen die Idee, Hilfe zur Selbsthilfe zu leisten. Die Bauern organisierten sich demnach in Genossenschaften, die nicht auf Gewinn, sondern ein gemeinsames Vorgehen ausgerichtet waren. In Kassenvereinen sammelten sie Spareinlagen und vergaben günstige Darlehen an ihre Mitglieder. Damit konnten Ernteausfälle überbrückt und notwendige Investitionen getätigt werden. Das Modell machte in Österreich die Runde, wo von politischer Seite Lösungen für die Agrarkrise gesucht wurden. Eine Gruppe von niederösterreichischen Landtagsabgeordneten, darunter der Mühldorfer Bürgermeister Ernst Vergani, besuchte Raiffeisen im deutschen Westerwald. Daraufhin gründeten Bauern, Arbeiter und Handwerker im Dezember 1886 die erste Raiffeisenkasse in Österreich und wählten Vergani zu ihrem Vorsitzenden. Der war trotz sozialen Engagements eine kontroversielle Persönlichkeit. Als glühender Deutschnationaler und radikaler Antisemit gründete er wenig später das »Deutsche Volksblatt« und machte ein Vermögen damit.

Nach einigen Jahren bezog die Mühldorfer Kasse einen eigenen Raum am Ortseingang. Dort erledigten die Menschen 103 Jahre lang ihre Bankgeschäfte, ehe die Bank einen Neubau erhielt, der dem gewachsenen Imperium der Raiffeisen-Bankengruppe entspricht.

Adresse Ledertal 1, 3622 Mühldorf | Anfahrt B 3 bis Spitz, im Kreisverkehr abzweigen in Richtung Spitzer Graben und der Straße folgen bis Mühldorf | Öffnungszeiten nur von außen zu besichtigen | Tipp Ein paar Häuser weiter hat die Bäckerin Sissy Stummvoll historische Objekte rund um das Bäckergewerbe in einem kleinen Museum zusammengetragen.

73__Der Burgherr

Laufbahn eines Abenteurers

Das Leben des Jules Ernest Grenout alias Laurent Deléglise ergäbe genug Stoff für eine ganze Fernsehserie. Als er im Jahr 1927 die österreichische Staatsbürgerschaft erhielt, stand er auf den Fahndungslisten Dutzender Länder. Nach einem Eisenbahnraub in Frankreich und Geldfälscherei floh er vor der Polizei nach England und später auf den Kontinent der unbegrenzten Möglichkeiten. Dort war man gerade dabei, die Drogengesetze zu verschärfen, und der illegale Markt begann zu explodieren. Als Kopf eines Drogenrings brachte Deléglise Rauschgift nach Kanada und in die USA. In New York baute er einen japanischen Laden, in den er sich als Expresssendung getarnte Rauschgiftpakete schicken ließ, zu seinem Vertriebszentrum aus. Seine ausgefeilten Schmuggeltechniken brachten ihm ein Vermögen, machten ihn aber auch zum Gejagten.

Deléglise stieg aus und kaufte die Burg Oberranna. Die Rolle des Burgherrn gefiel ihm rasch. Er war beliebt, gab den Einheimischen Arbeit und erwies sich als kunstsinnig. Den von der Vorbesitzerin versetzten Hauptaltar der Burgkirche kaufte er zurück, sanierte die Kirche und legte dabei die kunsthistorisch wertvolle Krypta frei.

In der Nazizeit wurde Deléglise denunziert, verhaftet und ins KZ Dachau deportiert. Seine Burg musste er an den Kremser Bürgermeister zwangsverkaufen, erhielt sie aber nach dem Krieg zurück, weil ihm der Kaufbetrag nie überwiesen worden war. 1961 wurde der Burgherr tot am Jauerling aufgefunden. Seinem Wunsch entsprechend ist er in der Nähe seiner Burg bestattet. In der Wachau weiß man sich bis heute genug Moritaten über den geheimnisvollen Burgherren zu erzählen, in denen eingemauerte Leichen und Tomahawks vorkommen. Vieles davon ist im Reich der Phantasie anzusiedeln. Deléglise hatte jedoch tatsächlich eine große Sammlung von Kunstgegenständen der nordamerikanischen Ureinwohner. Sie befindet sich heute im Wiener Weltmuseum.

Adresse Burg Oberranna, 3622 Niederranna | Anfahrt B 3 bis Spitz, im Kreisverkehr abzweigen in Richtung Spitzer Graben und der Straße folgen bis Mühldorf, nach dem großen Mühlrad rechts abzweigen in Richtung Niederranna, dann links abzweigen auf L 7129 | Öffnungszeiten nur von außen zu besichtigen | Tipp Der Prandhof neben der Kirche war lange Zeit Amtshaus und im 20. Jahrhundert eine beliebte Kaltwasserheilanstalt, ehe ihn Deléglise im Jahr 1933 erwarb.

74 Der Lichtschalter

Kunstaktivitäten für Nachtschwärmer

Dass Straßen in bewohnten Gebieten beleuchtet sind, gilt als notwendig. Dass hinterleuchtete Reklametafeln, Bildschirme und die Außenbeleuchtung von Bauwerken die Nacht erhellen, fällt nur mehr dann auf, wenn sie ausfallen und ein gewohnter Ort plötzlich in die Finsternis abtaucht. Dunkelheit ist im lichtverschmutzten Herzen Europas eine Seltenheit geworden. Zu finden ist sie meist nur mehr in der Natur.

Umso irritierender ist es, wenn dort plötzlich ein Lichtschalter auftaucht, am Ortsrand an der Straße zwischen Obstgärten und Feldern. Betätigt man ihn, geht in der Landschaft das Licht an. Mit einer Straßenbeleuchtung haben die Lichtkörper, die sich am Weg zwischen Niederranna und der Burg Oberranna befinden, wenig zu tun.

Geschaffen hat sie die Medienkünstlerin Siegrun Appelt, die sich seit Jahren mit Licht und Schatten beschäftigt. Sie hat festgestellt, dass die vielen Lichtquellen, denen man nächtens begegnet, die Wahrnehmung irritieren. »Slow Light« (Langsames Licht) nennt sie ihre Lichtprojekte in der Wachau, mit denen sie mehreren Orten ein neues nächtliches Antlitz gegeben hat. Dazu zählen unter anderem die Donaupromenade in Spitz, das Viadukt in Emmersdorf, die Fundstelle der Venus von Willendorf und zahlreiche Kirchen. Durch das dezent eingesetzte Licht wird der Energieverbrauch auf ein Minimum gesenkt. Gleichzeitig wird der jeweils eigene Charakter von Bauten und Räumen hervorgehoben, die wesentlichen Details, die durch die Festbeleuchtung verloren gegangen waren, werden für das Auge wieder sichtbar. Für Appelt ist es wichtig, dass es kein Streulicht gibt, das die Sicht auf den Sternenhimmel trübt.

Die Lichtbilder, die in den Obstbaumwiesen entstehen, geben Einblicke in die nächtliche Landschaft mit schlafenden Bäumen und schaffen mystische Stimmungen. Wer in diese Szenerien eintaucht, kann mit dem eigenen Schatten spielen.

Adresse 3622 Niederranna | Anfahrt B 3 bis Spitz, im Kreisverkehr abzweigen in Richtung Spitzer Graben und der Straße folgen bis Mühldorf, nach dem großen Mühlrad rechts abzweigen in Richtung Niederranna, dann links abzweigen auf L 7129, Schalter gleich bei der Kreuzung | Tipp Die letzte Stationskapelle des Kreuzweges von Oberranna ist reich verziert mit Bandlwerk und Muscheldekor aus dem 18. Jahrhundert.

75 Das Weindenkmal

Legendäre Rebe mit harter Konkurrenz

Dass der Neuburger eine im Verschwinden begriffene Weinsorte ist, lässt sich am Wandel seines Denkmals feststellen. Das Häuschen, vor dem eine Statue des heiligen Nikolaus steht, hat keinen religiösen Ursprung. Es erinnert an die Rebsorte, die um 1850 in der Donau bei Arnsdorf entdeckt wurde.

Aus dem Neuburgerdenkmal ist mittlerweile das Niederösterreichische Weindenkmal geworden. Das großflächige Wandgemälde im Innenraum offenbart die Neuburgerlegende. Diese erzählt davon, dass die Weinbauern Franz Machherndl und Christoph Ferstl, die beide auch als Donauschiffer arbeiteten, eine Rebe aus dem Wasser fischten. Das allein war noch nicht ungewöhnlich, da Rebbündel in der Wachau zur Sicherung der Ladung verwendet wurden. Besagte Rebe stammte vermutlich sogar aus der näheren Umgebung. Die Winzer bauten sie in Arnsdorf an. Sie erwies sich als frostbeständig, wuchs kräftig und gab kleine, fleischige Trauben, die einen hervorragenden Wein hervorbrachten. Der Name der Rebsorte leitet sich vom Spitzer Burgberg ab, auf dem sie auch angebaut wurde. Untersuchungen zeigten später, dass es sich um eine Kreuzung aus Rotem Veltliner und Sylvaner handelte.

Aufgrund des dezenten Geschmacks hat der Neuburger, zeitweise ein beliebter Heurigenwein, im Grünen Veltliner einen starken Konkurrenten. Der Rückgang seiner Anbauflächen hängt zudem mit einer Rebkrankheit zusammen. Manche Winzer halten der Kultsorte trotz alledem die Treue.

Bewegt ist die Geschichte des Neuburgerdenkmals, das Mitte der 1930er Jahre in seiner Urform errichtet wurde. In einem Keller unterhalb des Monuments wurden 300 Flaschen mit den besten Neuburgerweinen aus ganz Österreich gelagert. Während des Krieges plünderten die Nationalsozialisten den Keller und sprengten das Bauwerk. Das in den 1980er Jahren neu errichtete Denkmal war aufgrund seiner Säulenform nicht beliebt und wich 1999 einem Neubau.

Adresse 3621 Oberarnsdorf | **Anfahrt** B 33 von Westen bis Oberarnsdorf, Denkmal knapp nach dem Ortsende direkt an der B 33 | **Tipp** Im Hotel Weinberghof in Spitz können Sie Neuburgerweine des Weinguts Lagler verkosten.

76 Das Schlachtendenkmal

Krieg und Frieden in den Weingärten

Welches Ereignis findet sich am Pariser Triumphbogen ebenso wieder wie in Leo Tolstois epochalem Roman »Krieg und Frieden«? Leider ein martialisches, das seine Spuren hinterlassen hat. Man mag es kaum glauben, aber der schöne Ort zwischen Weinterrassen, Wiesen und Donau war einmal ein Schlachtfeld und Brennpunkt der europäischen Geschichte.

Das von Kriegen gebeutelte Europa befand sich 1805 im Dritten Koalitionskrieg, durch dessen Ausgang Napoleon kurzzeitig seine Macht in Festlandeuropa festigen konnte und das Heilige Römische Reich beendet wurde. In den Kriegswirren war das Leben der Zivilbevölkerung in der Wachau, wo laufend Soldaten durchzogen, von ständigen Unsicherheiten geprägt. Die Menschen versteckten sich immer wieder oder flüchteten in die Wälder.

An einem eisigen Novembertag überraschten die verbündeten österreichischen und russischen Truppen bei Loiben Napoleons Soldaten mit einem Angriff. Der Plan, sie von der nachrückenden Verstärkung abzuschneiden, ging auf, und der französische Marschall Mortier sah sich einstweilen zum Rückzug per Schiff über die Donau gezwungen. Im Krieg gibt es jedoch nie einen Gewinner. Die Schlacht von Loiben war verheerend, forderte innerhalb von wenigen Stunden Tausende Menschenleben auf beiden Seiten und ließ verbrannte Erde zurück. Die Häuser waren zerstört, die Weinstöcke ruiniert, viele Menschen ihrer Existenz beraubt. Nachbarschaftshilfe kam allerdings aus dem nahen Krems in Form von Proviant. Unter den Opfern der Schlacht waren unzählige Einheimische, deren Gebeine im Karner am Friedhof von Dürnstein gestapelt sind.

100 Jahre nach den dramatischen Ereignissen gab es eine große Geste der Versöhnung. Die ehemaligen Kriegsgegner eröffneten gemeinsam ein Denkmal in Loiben. Es hat die Form einer Patrone und fußt auf einem steinernen Sarkophag, in dem die Gebeine von Opfern beider Seiten bestattet sind.

Adresse 3601 Oberloiben | **Anfahrt** B 3 bis Dürnstein, von Osten kommend vor dem Tunnel rechts abzweigen und der Straße nach Oberloiben folgen | **Tipp** Die Pfarrkirche zum heiligen Quirin in Loiben ist von einer mittelalterlichen Umfassungsmauer mit einem ungewöhnlichen barocken Portal umgeben.

77__Das Arboretum

Im Wald der jungen Riesen

Auch wenn man den Wald manchmal vor lauter Bäumen nicht sieht: Die Mammutbäume stechen daraus hervor. Einen von ihnen zu umarmen ist aufgrund ihres breiten Stammes gar nicht so einfach, dafür aber ein Erlebnis, das man in Erinnerung behält.

Sequoia gigantea heißen die Riesen, die eigentlich in Kalifornien beheimatet sind und mehr als 2.000 Jahre alt werden können. Das Geheimnis ihres langen Lebens ist ihre pelzige, dicke Rinde, die nicht nur feuerfest ist, sondern aufgrund des hohen Gerbsäuregehalts auch vor Insekten und Pilzen schützt.

Dass sie seit nahezu 150 Jahren im Dunkelsteinerwald gedeihen, ist dem Göttweiger Abt Adalbert Dungel zu verdanken. Dieser war auf vielen Gebieten – von der Archäologie bis zum Bauwesen – gebildet, hatte eine Professur für Moraltheologie inne und war vor seiner Zeit als Abt der klösterliche Waldmeister. Den Mammutbäumen war Dungel auf einer Reise in die USA begegnet. Fasziniert davon, nahm er deren Samen mit und wagte das Experiment, sie selbst anzubauen. Der Waldmeister bewies damit einen grünen Daumen. Lange nach seinem Tod befinden sich die von ihm gepflanzten Bäume noch in einem für sie jugendlichen Alter und haben eine stattliche Höhe von 50 Metern erreicht.

Zu Dungels Baumbestand zählen auch die aus Nordamerika stammenden Douglasien, die nicht minder imposant zwischen den heimischen Bäumen wachsen. Als sich die Pflanzung der Göttweiger Mammutbäume im Jahr 1980 zum 100. Mal jährte, legte das Stift in deren Umkreis ein Arboretum mit Bäumen aus aller Welt an, von der mongolischen Weißkiefer über die Libanonzeder und die aus dem Himalaya-Gebiet stammende Tränenkiefer bis zur japanischen Zwergrotföhre. Von den 50 Baumsorten haben nicht alle überlebt, dafür sind manche, wie die Westliche Hemlocktanne, ideal gediehen.

An den Baumfreund Dungel erinnert die nach ihm benannte Adalbert-Rast im Schatten der Mammutbäume.

Adresse 3508 Paudorf | **Anfahrt** B 33 bis Mautern, L 100 bis Paudorf, abzweigen auf L 7104 und beim Bruckweg parken, dann der beschilderten Wanderroute folgen | **Tipp** Neben dem Arboretum können Sie auf einer Weitsprungbahn Ihre Sprungkraft mit der eines Rehs, Mufflons, Wildschweins, Eichhörnchens, Fuchses, Feldhasen oder Baummarders vergleichen.

78 Das Bäckerkreuz

Die Menschlichkeit in den Zeiten der Pest

Kleindenkmäler, meist religiöser Natur, säumen Straßenränder und Feldwege. Das Bäckerkreuz zählt keinesfalls zu den schönsten. Seine Geschichte jedoch erzählt von Menschen, die Mut bewiesen, ihre Ängste beiseitelegten und einander halfen.

Im Laufe der Jahrhunderte wurden die Dörfer um den Göttweiger Berg immer wieder von Krankheiten und Seuchen heimgesucht, dazwischen machten ihnen nicht selten Kriege das Leben schwer. Im 14. Jahrhundert wütete die Pest drei Jahre lang in Paudorf. War ein Ort vom Schwarzen Tod befallen, dann musste jede Ansteckungsgefahr für die benachbarten Gemeinden vermieden, jeder direkte Kontakt mit potenziell Infizierten ausgeschlossen werden. Das bedeutete in vielen Fällen, dass man von der Grundversorgung abgeschnitten war. In Furth fasste man Mut und brachte für den Nachbarort eine Botschaft bei der Wegkreuzung nach Göttweig an. Darin wurde danach gefragt, wie man helfen könne. Die Paudorfer lasen die Nachricht und hinterließen ihrerseits eine Liste mit der Bitte um Brot und weitere erforderliche Lebensmittel sowie ein Gefäß mit Essig, in das man später die Münzen für die gelieferten Waren legen würde. Die ätzende Flüssigkeit desinfizierte das Geld. So begannen die Further ihre erkrankten Nachbarn zu versorgen, und die Paudorfer kamen durch die schweren Zeiten.

Das 1787 errichtete Kreuz, das daran erinnert, soll der Überlieferung nach von Paudorfer Bäckermeistern laufend instand gehalten worden sein. Später verkauften die Bäcker hier ihre Waren an die Kirchgänger. Es befindet sich nämlich an einer Kreuzung, welche die Einwohner von elf Gemeinden passieren mussten, um zur Kirche nach Göttweig zu gelangen.

In den 1960er Jahren wurde eine bessere Zufahrt zum Stift Göttweig gebaut. Das alte Bäckerkreuz fiel dem Straßenbau zum Opfer. Kaum 20 Jahre später errichteten es die Paudorfer neu, um an den Wert von guter Nachbarschaft zu erinnern.

Adresse Lissen, 3508 Paudorf | **Anfahrt** B 33 bis nach Mautern, dann L 100, abzweigen zum Stift Göttweig und gleich die nächste Straße links nehmen nach Lissen | **Tipp** Wilhelm Kienzl verarbeitete in seiner Oper »Der Evangelimann« eine Liebes- und Brandtragödie, die sich im Paudorfer Hellerhof abspielte. Der Wirtschaftstrakt des Hellerhofs ist nun ein Museum für den Komponisten.

79 Das Wetterhäuschen

Reden wir übers Wetter

Was haben die Menschen gemacht, bevor es den Wetterbericht gab? Sie haben in den Himmel geschaut. Mancherorts konnten sie ab der Mitte des 19. Jahrhunderts zum Wetterhäuschen gehen und nachschauen, was die Messgeräte anzeigten.

Das erste Wetterhäuschen wurde 1838 in Genf in der Schweiz aufgestellt. Es war sowohl eine wissenschaftliche als auch eine architektonische Attraktion und fand rasch Nachahmer in ganz Europa. In unterschiedlichen Formen schossen die kleinen Messstationen in Städten, Kur- und Ausflugsorten aus dem Boden. Fremdenverkehrsverbände und naturkundlich Begeisterte engagierten sich gleichermaßen für ihren Bau. Sie waren Informationsstellen und soziale Treffpunkte. Über das liebe Wetter lässt sich schließlich immer debattieren. Wenn gerade einmal kein anderes Thema zur Hand ist, hilft es, kommunikative Lücken zu überbrücken. Allen Debatten zum Trotz: Die Wetterhäuschen waren verlässlich, weil sie mit moderner Messtechnik ausgestattet waren. Manche hatten Uhren eingebaut und zeigten neben der lokalen Zeit noch jene von anderen Orten auf der Welt an, gaben Auskunft über Temperatur, Luftdruck und Luftfeuchtigkeit.

Auch wenn sie in der Gegenwart nur mehr hübsche Relikte einer vergangenen Zeit sind, waren sie damals symbolhaft für den technischen Fortschritt, der mit zunehmendem Einsatz von Instrumentarien und Messgeräten das Leben der Menschen erleichterte, aber auch reglementierte. Insofern erlebten die Wetterhäuschen einen richtigen Boom, der durch den Ersten Weltkrieg zunächst gestoppt wurde. In den 1920er Jahren feierte das Radio seinen Siegeszug und damit auch der Wetterbericht. Insofern ist das Rossatzer Wetterhäuschen, das im Jahr 1955 von der Firma Melitta Kleemann gestiftet wurde, ein Spätzünder. Da lässt man gern einmal das Smartphone eingesteckt und schaut auf die analogen Messgeräte – wer weiß, vielleicht sind sie sogar verlässlicher?

Adresse Kirchenplatz, 3602 Rossatz | Anfahrt B 33 bis Rossatz, rechts abbiegen auf Kirchenplatz | Tipp Am Kirchenplatz steht ein alter Pranger aus dem Jahre 1633.

80_Der Namensschriftzug

Dem ersten Tagger auf der Spur

Wer kennt sie nicht, die Graffiti-Schriftzüge an Hauswänden, Bahnwaggons oder Bushaltestellen. Tagger kommen aus der Graffiti-Szene und bringen ihre Namen an allen möglichen Stellen an. Kaum ein Stadtbild, in dem sie keine Spuren hinterlassen.

Dass der Urahn aller Tagger ausgerechnet aus der zugeknöpften Biedermeierzeit stammt, ist eine erhellende Episode der österreichischen Geschichte. Kein klassischer Rebell und auch kein Künstler war Josef Kyselak, dafür aber ein kluger Kopf, der das Beste aus seinen Lebensumständen machte. Wie sein Vater war er auf dem Weg, Beamter zu werden, und absolvierte dafür ein Praktikum an der kaiserlich-königlichen allgemeinen Hofkammer in Wien. Als ihm dort nach sieben Jahren die Aufnahme verweigert wurde, begann er im August 1825 eine Wanderung durch Österreich, die sich über mehrere Monate ziehen sollte. An markanten Stellen hinterließ er seinen Namen als immer gleichen Schriftzug in schwarzer Farbe, wie ein Markenzeichen. Die Häufigkeit und Stilsicherheit, mit der er das tat, machen ihn zum ersten Tagger der Geschichte. Lange noch beschäftigten ihn die gesammelten Eindrücke seiner lebensverändernden Fußreise, die er schließlich in Buchform brachte und damit einen Bestseller im deutschsprachigen Raum landete. Viel zu früh ließ die Cholera den wandernden Schriftsteller aus dem Leben scheiden.

Um Kyselaks Leben ranken sich seither Legenden, etwa, dass er den Kaiser ausgetrickst und seinen »Tag« frech am Herrscherschreibtisch hinterlassen haben soll. Von seinen zahlreichen Schriftzügen sind nach knapp 200 Jahren noch zwei Originale erhalten. Die Felswand in Rothenhof taggte er im Rahmen einer Wachauwanderung, bei der er auch ein Stück weit mit dem Schiff reiste. Dafür, dass sich heute immer wieder ein neuer »Tag« mit Kyselaks Namen findet, ist die junge Tagger-Generation verantwortlich, die ihren Vorgänger in Ehren hält.

Adresse 3601 Rothenhof | **Anfahrt** B 3 bis Rothenhof, auf dem Geh- und Radweg in Richtung Krems gehen | **Tipp** Sehr schön ist ein Spaziergang durch die Rothenhofer Kellergasse und weiter nach Unterloiben.

81 Die Huchengewässer

Rückkehr der Donaulachse

An der Brücke ist der Lieblingsplatz des Huchen-Pepi. Ringsherum Natur, und darunter, im Wasser, haben seine Schützlinge, nach denen er sich benannt hat, einen natürlichen Platz zum Leben. Grund dafür ist die Wiederanbindung der Altarme und Gewässer der Rührsdorfer Au an die Donau.

Dass es ihn wieder vermehrt in der Donau gibt, ist Josef Fischer senior, alias Huchen-Pepi, zu verdanken. Als er zehn Jahre alt war, lauschte er den Geschichten seines Großvaters, der ihm davon erzählte, wie er nach dem Ersten Weltkrieg 30 Kilogramm schwere Huchen aus der Donau fischte.

Der Bub konnte sich kaum vorstellen, dass da draußen ein Fisch lebte, der schwerer war als er selbst. Während den jungen Mann die Faszination für die imposanten Donaulachse nicht mehr losließ, verloren die Tiere unentwegt ihren natürlichen Lebensraum. Heute zählen sie zu den am meisten bedrohten Fischarten in Europa. Der Teufelskreis begann im 19. Jahrhundert mit der Regulierung und Industrialisierung der Donau, der Abtrennung von Nebenarmen für die Optimierung der Schifffahrt. Seinen Tiefpunkt erreichte er mit dem Bau der Staustufen für die Donaukraftwerke. Obwohl Huchen Lachsfische sind, wandern sie nicht weit. Huchen brauchen die Strömung, einen mäandrierenden Flusslauf und Schotterablagerungen, in denen sie ihre Eier ablegen können. All das verschwand.

Im Alter von 20 Jahren nahm Josef Fischer ein für ihn damals kleines Vermögen in die Hand und kaufte junge Huchen, um sie zu züchten und wieder in ihrem natürlichen Lebensraum anzusiedeln. Im Laufe der Jahre entstand in seinem Weingarten ein System von Teichen, in denen die Muttertiere leben und die jungen Huchen bis zu ihrem zweiten Lebensjahr versorgt werden. Während die Huchen ihr Comeback erlebten, wurde Josef Fischer auch als Winzer zur Kultfigur. Mittlerweile hat er das Weingut an den Sohn übergeben, die Huchen bleiben seine Schützlinge.

Adresse Rührsdorfer Au, 3602 Rührsdorf | Anfahrt B 33 bis Rührsdorf, in den Ort abzweigen und dann dem Weg entlang der Donau zur Donauinsel folgen | Tipp Der Jörgerhof erinnert an die Reformationszeit. Unter dem Dachgesims befindet sich ein Spruchband mit einem Bibelzitat in der Übersetzung Luthers.

82 Das ehemalige Servitenkloster

Heilige Orte im Eins-zu-eins-Nachbau

Orte aus anderen Erdteilen nachzubauen war bereits im 17. Jahrhundert beliebt. Für die frommen Pilger der Barockzeit muss es sich wie ein christlicher Erlebnispark angefühlt haben. Sie fanden gleich mehrere heilige Stätten an einem Ort vereint. In der Kirche hinter dem Hochaltar die Grabkammer Jesu, dann treppabwärts, der Höhepunkt: die Geburtsgrotte aus Bethlehem, tief in den Fels geschlagen.

Dabei war die Ausgangssituation teuflisch. Einheimische und Schiffer machten einen großen Bogen um den Felsen. Luzifer, in der Gegend oft in Sagen anzutreffen, soll in den Resten eines alten Gebäudes eine Spielstätte gehabt haben, die im Volksmund »Teufelsschloss« hieß. Gegen Höllenfürsten und Aberglauben gab es nur ein wirksames Mittel. Graf Konrad Balthasar von Starhemberg, einer der mächtigsten Grundherren der Gegend, holte die Serviten und ließ sie ein Kloster errichten, um die bösen Schwingungen zu vertreiben. Dass dies gerade im Jahr 1666 stattfand, in dem sich subtil die Zahl des Antichristen verbirgt, mag ein Zufall sein, aber was für einer!

Sukzessive brachte von Starhemberg die christlichen Orte des fernen Palästina an die Donau, selbstverständlich nach Originalmaßen und zuvor angefertigten Plänen der heiligen Stätten. Damit glänzte er nicht nur bei den Pilgern, sondern auch am Wiener Hof. Dort genoss er das Vertrauen von Eleonora de Gonzaga, der Witwe von Kaiser Ferdinand III., auf deren Wunsch er die Geburtsgrotte errichten ließ. Anders als heute hat man sich in der Vergangenheit auf Knien über die letzten Stufen dort hineinbegeben.

1980 verließen die Serviten das Kloster. Danach begann ein neues Kapitel. Die Schönbühelerin Renate Haar sammelte Helferinnen um sich, lukrierte Gelder für die Restaurierung und begann, den Ort mit Leben zu füllen.

Adresse 3392 Schönbühel | Anfahrt B 33 bis Schönbühel, von Westen kommend nach dem Ort rechts auf den beschilderten Parkplatz abzweigen | Öffnungszeiten Terminvereinbarungen unter Tel. 02752/8795 | Tipp Die Serviten legten einst die »Via sacra« zwischen den beiden Wallfahrtsorten Schönbühel und Maria Langegg mit 15 Rosenkranzkapellen an. Davon sind heute noch fünf erhalten.

83__Sisis Brautfahrt

Nachhilfe in Sachen Winken

Das Winken ist eine schöne Geste. Man winkt den Menschen aus Schiffen oder Autos zu, diese winken zurück, man versteht sich prima. Ein Höhepunkt des exzessiven Winkens war die Brautfahrt der bayrischen Prinzessin Elisabeth alias Sisi.

Zwei Tage lang ist sie im April 1854 auf der Donau unterwegs. In Linz nimmt sie der junge Kaiser vor Publikum in Empfang, reist aber am nächsten Morgen wieder früh ab, um vor ihr in Wien zu sein und sie noch in allen Ehren offiziell zu begrüßen. In der Wachau scheint die Sonne, die zukünftige Kaiserin winkt den Menschen zu, die Menschen sind bewegt und winken zurück. Am Ufer in Loiben findet ein Winzerfest statt, man zeigt ein verziertes Porträt Sisis. Auf der Donaubrücke in Mautern sind die Wappen der Kronländer angebracht.

Ziemlich genau 101 Jahre später findet nahezu das gleiche Spektakel noch einmal in der Wachau statt. Statt Schaulustiger säumen Statisten die Ufer. Statt der 16-jährigen Prinzessin winkt die 17-jährige Romy Schneider vom Ausflugsdampfer »MS Hebe« den Menschen zu. Auf dem Weg zu »ihrem Franzl«, im Film dargestellt von Karlheinz Böhm, passiert sie das mit Gruß-Transparenten und rot-weiß-roten Fahnen geschmückte Schloss Schönbühel. Dort drängen sich die Statisten dicht auf der Terrasse. Auf den »Kuh« und »Kalb« genannten Felsen mitten in der Donau stehen Fahnen schwenkende Männer. Man hört unentwegt: »Hoch, Elisabeth!« Menschentrauben befinden sich auch beim nahen Servitenkloster. Weißenkirchen ist eine einzige Fanmeile. Romy Schneider winkt mit weißem Taschentuch. Die Damen am Ufer tragen Tracht und Goldhauben, die Herren den traditionellen Kalmuck – und sie winken zurück.

Zwei Tage nach ihrer Brautfahrt stand Elisabeth vor dem Traualtar und wurde Kaiserin von Österreich und Königin von Ungarn. Der jungen Romy Schneider gelang mit der Rolle der internationale Durchbruch im Filmgeschäft.

Adresse Schloss Schönbühel, Nummer 47, 3392 Schönbühel | **Anfahrt** B 33 bis Schönbühel, abzweigen in Richtung Donau | **Öffnungszeiten** nur von außen zu besichtigen | **Tipp** Am Weg zum Kloster steht die Rosalienkapelle über einer heiligen Quelle, die bereits Gräfin Starhemberg von ihrem Kopfleiden befreite.

84 Der Nachthimmel

Kindheitsort eines Weltraumfahrers

Außer ein paar Laternen gibt es nicht viel Licht, wenn sich die Dunkelheit über den kleinen Ort wölbt. Der Platz mit seinem Kopfsteinpflaster, der gotischen Kirche und den alten Häusern wirkt dann wie aus der Zeit gefallen. In klaren Nächten scheint der Mond in die engen Gassen, und die Sterne funkeln hell am Himmel. Wer ist da nicht versucht, sich in die unendlichen Weiten des Weltalls hineinzuträumen?

Franz Viehböck kennt die sternenklaren Nächte in Schwallenbach seit seiner Kindheit. Gegenüber der Kirche befindet sich das Haus seiner Großeltern, wo schon sein Vater geboren wurde. Dass er selbst einmal in den Weltraum reisen würde, hätte er sich damals nicht träumen lassen.

Bis es tatsächlich so weit war, lag ein weiter Weg vor Viehböck, der als junger Mann an der Technischen Universität Wien als Assistent tätig war und gerade an seiner Doktorarbeit schrieb, als die Österreichische Bundesregierung einen Kosmonauten suchte. Dem vorangegangen war ein Besuch des sowjetischen Regierungschefs, bei dem man sich auf eine gemeinsame Weltraummission geeinigt hatte. Franz Viehböck erkannte seine Chance, bewarb sich, wurde mit einem weiteren Kandidaten ausgewählt und musste zwei Jahre lang im Sternenstädtchen nahe Moskau trainieren.

Am 2. Oktober 1991 fieberte das ganze Land vor dem Fernseher mit. Viehböck startete in einer Sojus-Kapsel vom Weltraumbahnhof Baikonur in Kasachstan als erster und bislang einziger Österreicher ins Weltall. Nur wenige Stunden nach dem geglückten Start erblickte seine Tochter zu Hause das Licht der Welt. Der frischgebackene Vater blieb acht Tage lang im All, machte wissenschaftliche Experimente, kredenzte den anderen Kosmonauten österreichische Köstlichkeiten und Mozartkugeln. Der Blick auf die fragile Erde sollte sein Leben für immer verändern. Das alte Haus der Großeltern ist ihm immer ein wichtiger Ort geblieben.

Adresse Ferienwohnung der Familie Salomon, Nummer 28, 3620 Schwallenbach | **Anfahrt** B 3 bis Schwallenbach, rechts in den Ort und dann links bis zur Kirche | **Öffnungszeiten** nur von außen zu besichtigen, Ferienwohnung unter Tel. 02713/2386 zu mieten | **Tipp** An der Fassade des ehemaligen Schlosses ist das sagenumwobene »Glöcklein von Schwallenbach« angebracht. Es soll einst einem Junker das Leben gerettet haben.

85 Die Adam-Mühle

Die Kunst der Gastfreundschaft

In Spitz gab es im Laufe der Geschichte drei Mühlen, die alle vom Spitzer Bach betrieben wurden. Eine steht in der Einfahrt zum Spitzer Graben, eine weitere befindet sich im Erlahof, wo auch das Schifffahrtsmuseum untergebracht ist. Die Adam-Mühle liegt in der Mitte zwischen den beiden. Bis sie im 17. Jahrhundert in Privatbesitz kam, gehörte sie den jeweiligen Grundherren von Spitz. 1866 erwarb sie ein Müller mit dem biblischen Doppelnamen Adam Adam, der bis heute namensgebend für die Mühle ist.

Auf der Fassade sind noch deutlich die Worte »Lohn- und Kunstmühle« lesbar. Ein Hinweis darauf, dass hier bereits mit elektrischem Strom und moderner Technik gearbeitet wurde. Nichtsdestotrotz waren kleine Mühlen im fortschrittlichen 20. Jahrhundert Auslaufmodelle. In der Adam-Mühle wurde nach dem Zweiten Weltkrieg nur mehr sporadisch gearbeitet, bis in den 1960er Jahren Schluss war.

Als Monika und Rudolf Pölzer im Jahr 2013 das Gebäude erwarben, war es im Verfall begriffen. Der neuen Inhaberin, die gerade vom Architekturstudium kam, war es ein zentrales Anliegen, den Originalzustand der Mühle zu bewahren. Mit viel Liebe zum Detail revitalisiert das Ehepaar seither das alte Gebäude.

Wer genau schaut, dem fällt auf, dass da und dort zerbrochene Mühlsteine in den Boden eingearbeitet sind. Die hat das Ehepaar in den mit Schutt gefüllten Räumen im Erdgeschoss entdeckt. Sukzessive mussten sie Raum für Raum freilegen, bis sie feststellten, dass sie sich mitten im 14. Jahrhundert befanden. Ihre mittelalterlichen Räumlichkeiten nutzen die geselligen Pölzers für kulturelle Nachmittage und Abende, zu denen sie offenherzig alle einladen, die Interesse zeigen. In den gotischen Gemäuern und dem großen Garten wird musiziert, gelesen, Kunst ausgestellt, gekocht und gefeiert. In der Kunstmühle wird auf diese Weise – in einem übertragenen Sinn – die Kunst des guten Lebens zelebriert.

Adresse Auf der Wehr 13, 3620 Spitz | Anfahrt B 3 bis Spitz, im Kreisverkehr abzweigen in Richtung Spitzer Graben, beim Schifffahrtsmuseum in die Siedlung Erlahof einbiegen und ein Stück bachabwärts gehen | Öffnungszeiten Heurigentermine und Apartment-Buchung unter www.adam-muehle.at | Tipp Im Schloss Spitz finden immer wieder Kulturveranstaltungen statt.

86 Das alte Schiffmeisterhaus

Wenn Flöße mit Marillenknödeln konkurrieren

Die Zeiten ändern sich. Es gibt Berufe, die sterben aus, und es gibt Gebäude, die ändern ihren Zweck. Noch vor 200 Jahren waren die Schiffmeister entlang der Donau angesehene Persönlichkeiten. Alles, was im Wasser gegen den Strom fahren wollte, musste von Pferdekarawanen gezogen werden. Die Schiffmeister leiteten diese Unternehmungen, sie verfügten über Schiffe, Personal, Pferde, Seile und hatten das Navigations-Know-how. Sie waren Kapitän und Reederei in einem.

Martin Prankls Vorfahren gründeten die Spitzer Schifffahrtsgesellschaft, sie waren Flößer und bauten Schiffe. Das Holz dafür kam aus dem Waldviertel und wurde durch den Spitzer Graben bis nach Hinterhaus transportiert. An Ort und Stelle erfolgte das Zusammenbauen der Flöße. Die schwimmenden Holzinseln erreichten bis zu 60 Meter Länge. Ihre Bestimmungsorte waren die Städte donauabwärts – Wien, Bratislava und Budapest –, wo sie verkauft, zerlegt und als Brennholz verheizt oder als Baumaterial verwendet wurden. Mit dem Bau der Donaukraftwerke endete die Flößerei Mitte des 20. Jahrhunderts.

Lange Zeit war das Gasthaus Prankl – das Gebäude selbst ist 500 Jahre alt – ein Einkehrort der Flößer. Als es Mitte des 19. Jahrhunderts aufgestockt wurde, kamen die Figuren an der Fassade dazu, sie symbolisieren Handel und Schifffahrt.

Birgit und Martin Prankl haben aus dem Gasthaus einen kulinarischen Treffpunkt und einen angenehmen Rückzugsort gemacht. Vom Gastgarten aus lässt sich in Ruhe das Treiben entlang der Wachaustraße beobachten. Jedes Jahr zu Beginn des Sommers wird hier ein kleines Wunder namens Marillenknödel serviert. Erstaunlicherweise haben diese Knödel schon weitere Wege zurückgelegt als die Flöße. Ein Kardinal soll die süße Köstlichkeit bis in den Vatikan transportiert haben, ehe sie dort zum Mahl gereicht wurde.

Adresse Gasthof Prankl, Hinterhaus 16, 3620 Spitz | **Anfahrt** B 3 bis Spitz, abzweigen auf Hinterhaus | **Öffnungszeiten** Fr–Di 8–23 Uhr, Küche Fr–Di 11.30–20 Uhr | **Tipp** Im Spitzer Graben kann man entlang des Welterbesteigs wunderbar wandern.

87 Das dunkle Altarbild

Barockgenie und Meister der Schatten

Es funktioniert am besten bei natürlichen Lichtverhältnissen. Man stellt sich in den mittleren Kirchengang vor den Altarraum. An einem bewölkten Tag ist nicht viel zu sehen. Man erahnt ein paar Figuren, von Dunkelheit umgeben. Als starre man in ein 3-D-Bild und suche nach dem verborgenen Inhalt. Dringt aber das Sonnenlicht durch die Kirchenfenster, dann treten die Figuren plötzlich aus der Finsternis hervor, und die Inszenierung ist deutlich zu erkennen. Sie zeigt das Martyrium des Spitzer Kirchenpatrons Mauritius und ist ein Spätwerk des Barockmalers Johann Martin Schmidt, der auch »Kremser Schmidt« genannt wird.

»Ei was, das Malen ist leicht, wenn man nur weiß, wo man hinfahren muss«, soll der stolze Künstler einmal gesagt haben. Er hatte keine Akademie besucht, sondern bei seinem Vater und einem lokalen Barockmaler gelernt, die Arbeit von Größen wie Paul Troger gekannt und sich mit den venezianischen Malern vertraut gemacht.

Im Laufe der Zeit wurde er selbst mit seinem Werk in ganz Mitteleuropa bekannt. Waren seine Bilder auch über mehrere Länder verteilt, verbrachte Johann Martin Schmidt sein Leben doch als Bürger von Stein und gründete dort eine Künstlerwerkstätte.

Zeigte er anfangs noch starke Kontraste, so wurden seine Licht-und-Schatten-Konstruktionen später immer subtiler. An der Art, wie er Figuren malte und mit Unschärfe komponierte, ist seine Begeisterung für Rembrandt zu erkennen. Die Farben scheinen sich aus der Dunkelheit herauszuschälen. Biblisch waren nicht nur viele Motive, sondern auch sein Lebensalter von 82 Jahren und der gigantische Output von unzähligen grafischen Arbeiten und mehr als 2.000 großen Ölbildern. In den Kirchen und Klöstern der Wachau und Niederösterreichs sind viele davon anzutreffen. Und immer noch finden sich verschollene Malereien. Jüngst tauchte ein »Kremser Schmidt« am Dachboden des Spitzer Gemeindeamtes auf.

Adresse Pfarrkirche, Kirchenplatz 12, 3620 Spitz | **Anfahrt** B 3 bis Spitz, abzweigen auf Rollfährestraße, dann über Hauptstraße und Marktstraße bis zum Kirchenplatz | **Öffnungszeiten** im Sommer: 8.30–18 Uhr, im Winter 9 Uhr bis Einbruch der Dunkelheit, Besichtigung jeweils bis zum Abendgottesdienst möglich | **Tipp** Der Mauritiushof neben der Kirche war einst ein Lesehof der Mönche aus Niederaltaich. Nun können Sie dort die Weine der Familie Gritsch genießen.

88 Das Hotel Mariandl

Wie im Film, nur echt

Das Telefon läutet. »Ja, hallo, Gunther Philipp am Apparat. Bitte richte mir ein Zimmer her, ich will mich ein wenig ausruhen.« – »Wann brauchst du es?« – »Na ja, bin gerade in München, in drei Stunden bei dir.« Der Hotelier überlegt kurz: »Kein Problem. Wir freuen uns, wenn du kommst.« Im Hotel bricht Hektik aus. Wohin mit dem berühmten Gast, wenn eigentlich kein Zimmer mehr frei ist? Der erfahrene Hotelier hat einen Geistesblitz. Eine größere Gruppe ist den ganzen Tag über mit dem Bus unterwegs. In einem Zimmer werden Hab und Gut eines Gastes sorgsam zusammengelegt und zwischengelagert. Gunther Philipp trifft ein, erhält seinen Schlüssel und lässt sich ins weiche Bett fallen. Was für eine Erholung! Kein Wunder, das Hotel ist quasi sein Zweitwohnsitz. Es folgt ein erstklassiger Nachmittagsschlaf, der sich bis in die Abendstunden zieht.

Der Reisebus rollt ein. Schlaftrunken geht der Tausendsassa zurück zu seinem Wagen, gerade noch rechtzeitig. Das Hotelpersonal bringt hastig das Zimmer in Ordnung. Ein Gast trifft den Schauspieler noch in der Eingangstür: »Oh, Herr Philipp, Sie hier? Das ist aber eine Ehre.« Verzückt schwärmt er dem Hoteldirektor von seiner Begegnung vor und begibt sich glücklich auf sein exzellent aufgeräumtes Zimmer. Wenn er wüsste, wer noch vor wenigen Minuten hier gelegen hat …

Was für eine Anekdote! Und ihrer gab es viele im ersten und ältesten Hotel der Wachau. Liebevoll bewahrte das Hotelbesitzerpaar Josef und Stephanie Eibl jahrzehntelang das Flair jener Zeit, als die Wachau das österreichische Hollywood war. An schönen Sommertagen saß das »richtige Mariandl«, Kult-Schauspielerin Waltraut Haas, gern im schattigen Gastgarten. Dann schlossen sich die Pforten, die Eibls gingen in den wohlverdienten Ruhestand. Doch die Mauern des denkmalgeschützten Hauses wissen um die vielen Legenden und versprühen einen Hauch feinster Nostalgie.

Adresse Hotel Mariandl, Kremserstraße 2, 3620 Spitz | Anfahrt B 3 bis Spitz, beim Yachthafen abzweigen auf Kremserstraße | Öffnungszeiten nur von außen zu besichtigen | Tipp Das Weingut Franz Hirtzberger (Kremserstraße 8) gehört zu den traditionsreichsten Weingütern der Wachau.

89__Der Kaufmannsladen

Einmal Spanische Fliege bitte!

»Von der Wiege bis zur Bahre hat Hamberger jede Ware.« Was für ein Slogan für ein Kaufhaus und noch dazu kein leeres Versprechen! Für jede Station des Lebens konnte man im Kaufhaus Hamberger ausgestattet werden. Es gab Taufkleider, Brautkleider, Anzüge, Unterwäsche, Lebensmittel, Haushaltswaren, Werkzeug, Spielzeug und Schreibwaren. Das Sortiment berücksichtigte sogar den letzten Weg und bot Sargverzierungen, Sargtapeten und den sogenannten Überthan, einen durchsichtigen Stoff, der über die aufgebahrten Verblichenen gelegt wurde, an.

Als das Kaufhaus Ende der 1980er Jahre seine Pforten schloss, begann Hans Hamberger sein Lebenswerk aufzuarbeiten. Dabei kamen ihm seine Qualitäten als preisgekrönter Schaufensterdekorateur zugute, er ordnete Tausende Objekte und beschriftete sie von Hand. Fast alles war einmal im Kaufhaus Hamberger zu finden. Der Kaufmann mit Leib und Seele hatte von Beginn seiner Laufbahn an Ladenhüter, Verpackungen und Werbematerial archiviert. Es kommt öfter vor, dass Museen sich vom Kaufmannsladen Objekte leihen, wie etwa einen original Kremser Senfspender aus Keramik.

Claus Hamberger wuchs im Kaufhaus seiner Eltern auf und kennt die Geschichten hinter den Artikeln. Eine Schachtel des nach dem Krieg heiß begehrten Zuckerersatzes Kandiset erzählt von der Veränderung von Wertigkeiten. Hans Hamberger verkaufte als junger Mann eine solche und konnte sich davon eine Grillparzer-Gesamtausgabe leisten.

In Zeiten des Verpackungswahnsinns fallen die Schubladenkästen auf, die früher im Einsatz waren. Die meisten Waren wurden offen verkauft. An den Schildern lässt sich ablesen, welche Produktvielfalt es gab. Andere Zeiten bedeuten aber auch andere Waren: Hotelkannen standen in Unterkünften, bevor es fließend Wasser gab. Mit Federweiß wurden glatte Tanzböden entschärft. Spanische Fliegen und Krebsaugen – Achtung, Hexenküche! – wurden als Volksmedizin verwendet.

Adresse Hauptstraße 2, 3620 Spitz | **Anfahrt** B 3 bis Spitz, abzweigen auf Rollfährestraße, dann auf Hauptstraße | **Öffnungszeiten** nach Voranmeldung unter Tel. 02713/2074 | **Tipp** Bei Familie Hamberger können Sie auch übernachten. Die schmucke Frühstückspension »1000-Eimerberg« liegt im stillen, blumengeschmückten Gässchen direkt hinter dem Kaufmannsladen.

90_Die Porträtbüste

Gerechtigkeit für Josef Bayer

Josef Bayer war einer der drei Wissenschafter, denen der Fund der Venus von Willendorf zu verdanken ist. Der Anthropologe und Prähistoriker erfreute sich in der Wachau großer Beliebtheit. Er kehrte gern in Gasthäuser ein, faszinierte die Einheimischen mit leidenschaftlichen Vorträgen und förderte Heimatforscher, die ihm dafür hilfreiche Hinweise auf Fundstätten gaben. Bayer machte zunächst in Wien Karriere, wurde Direktor der Prähistorischen und Anthropologischen Abteilung des Naturhistorischen Museums, war für die ethnografische und die prähistorische Sammlung verantwortlich, lehrte an der Universität Wien und trieb die Eiszeitforschung maßgeblich voran.

1924 braute sich eine politische Intrige über ihm zusammen. Bayer hatte kurz zuvor den jüdischen Anatomen Julius Tandler ins Museum geholt und damit die wachsenden antisemitischen Akademikerkreise erzürnt. Auf Betreiben einiger deutschnationaler Professoren hin entzog ihm das Ministerium die Leitung der ethnografischen Sammlung und bestellte einen Protegé der Intriganten. Mutig ging Bayer gegen die Diskriminierung vor, wandte sich an die Presse, die über die »Cliquenwirtschaft« der »Hakenkreuzprofessoren« berichtete. Genau jene starteten daraufhin eine Diffamierungskampagne und strengten ein Disziplinarverfahren wegen Rufschädigung der Universität an. Bayer verlor die Lehrbefugnis, zunächst lebenslänglich und nach einem Rekurs auf drei Jahre, im Laufe derer er verstarb. Die Rechtshistorikerin Kamila Maria Staudigl-Ciechowicz arbeitete Bayers Fall auf und verhalf ihm damit zu später Gerechtigkeit.

Die Spitzer Porträtbüste, die nach Bayers Tod auf Initiative seiner Kollegin Lotte Adametz angebracht wurde, verschwand während der Nazizeit. Nachdem sie bei einem Wiener Altwarenhändler wieder-aufgetaucht war, montierte man sie Mitte der 1960er Jahre erneut, um an den geselligen und mutigen Forscher zu erinnern.

Adresse Kremserstraße, 3620 Spitz | **Anfahrt** B 3 bis Spitz, beim Yachthafen abzweigen auf Kremserstraße, Büste rechts neben der Straße hoch oben auf einem Felsen | **Tipp** Das »Rote Tor« erinnert an den Dreißigjährigen Krieg. Der Kampf der Spitzer Bürger gegen die schwedischen Söldner soll so heftig gewesen sein, dass der Legende nach das Stadttor rot vom Blut war.

91 Die Ruine Hinterhaus

Wenn Ehefrauen zu spuken beginnen

Es heißt, man höre sie kläglich jammern. In ihrem weißen Totenkleid irre sie zwischen den 1.000 Jahre alten Mauern umher. Wer in der Nacht des 31. Januar, des Todesdatums ihres Ehemannes, nach oben schaut, könne die verzweifelte Frau erkennen. Als hagere Gestalt mit dünnen Händen winke sie den Menschen zu.

Das tragische Gespenst ist Adelheid von Feldsberg, die Ehefrau des Kuenringers Heinrich VI. Dessen Bruder Leutold I. gilt als einer der einflussreichsten Kuenringer, die als Ministerialien-Adelige lange Zeit die Wachau und das Waldviertel beherrschten. Leutold und seine Brüder Heinrich und Albero schworen dem ersten römisch-deutschen König aus dem Hause Habsburg die Treue. Sie zogen sogar gegen König Ottokar von Böhmen, der sukzessive Einfluss und Territorien verloren hatte, ins Feld.

Heinrich bescherte seine Tapferkeit den schmeichelhaften Beinamen »der Eiserne«. Eine andere Entwicklung nahm sein moralischer Ruf, der nach dem frühen Tod seiner Frau Adelheid beschädigt wurde. Üblicherweise hielt man nach dem Ableben eines Ehepartners ein volles Jahr Trauer. Diese Anstandsfrist wollte der ungeduldige Heinrich nicht abwarten. Schon nach wenigen Monaten ließ er die Hochzeitsglocken wieder läuten. Dass er kurz darauf selbst den Tod fand, werteten die Menschen als Zeichen seiner Unehrenhaftigkeit.

Adelheids geisterhafte Anwesenheit in der Ruine, in der einst die Ritter von Spitz lebten, wurde sogar von professionellen Geisterjägern untersucht. Gefunden wurde nichts. Am besten, man macht sich selbst ein Bild. Bei Sonnenschein wirkt die gut erhaltene Ruine eher idyllisch als gruselig. Gäbe es nicht den tiefen Brunnen und den Keller. Wer die Treppen hinabsteigt, ist umgeben von Dunkelheit und feuchten Mauern. Durch ein schmales Fenster fällt Licht von draußen herein. Ist das vielleicht der Platz, an dem Adelheid manchmal steht und winkt?

Adresse 3620 Spitz | Anfahrt B 3 bis Spitz, abzweigen auf Hinterhaus und links dem Straßenverlauf folgen, Start des Wanderweges zur Ruine bei der Bahnunterführung | Tipp In Spitz gibt es knapp 30 Heurigenbetriebe – mit der App »My Wachau« behalten Sie den Überblick über deren Öffnungszeiten.

92 Der Schiffszug

Als Pferde auf Donauwellen ritten

»Nahui, in Gott's Nam«, riefen die Schiffleute, wenn die Reise losging. Sie waren ein abergläubisches Volk und wussten, dass es jedes Mal ein Wagnis war. Die Donauschifffahrt war vor der Flussregulierung und dem Einsatz moderner Technik ein gefährliches Unterfangen. Zum Donauhandel (flussabwärts: Holz, Salz, Eisen; flussaufwärts: Wein) kam die Personenschifffahrt dazu.

Stromabwärts zu reisen – man sprach dabei von der Naufahrt – war alles andere als eine fröhliche Bootsfahrt. Die Schiffe trieben in Flussgeschwindigkeit, waren den Schnellen des Stromes und den Strudeln ausgeliefert. Mit langen Steuerrudern versuchten die Schiffsleute, Kurs zu halten.

Für Beobachter am Ufer muss das ein seltsames Bild abgegeben haben: Es waren nicht nur gewöhnliche Schiffe, die da vorbeitrieben, sondern auch schwimmende Pferdeställe. Die Tiere waren die entscheidenden Kräfte für die Bergfahrt, sie mussten die Schiffe gegen die Strömung ziehen. Wie das aussah, zeigen ein detailreiches Miniaturmodell und eine lebensgroße Nachbildung von Pferden und Reitern im Schifffahrtsmuseum. Bei größeren Schiffen wurden bis zu 60 Pferde und starke Seile benötigt. Organisiert wurde all das von den Schiffsmeistern, die hohes Ansehen genossen.

Die Treppelwege wurden ursprünglich für die Schiffskarawanen angelegt. Wenn das Ufergelände allerdings nicht mehr begehbar war, musste der gesamte Schiffszug auf die andere Seite wechseln – in der Wachau war dies mehrmals der Fall. Für das Übersetzen gab es verschiedene Techniken. Die Reiter und Pferde leisteten dabei nahezu Unmögliches. Beim »Sprengen« musste der Zug eine hohe Geschwindigkeit erreichen, um das Schiff in der Strömung quer zu stellen. Die Pferde waren darauf trainiert, in wankende Boote zu springen, über Hindernisse zu klettern oder im halstiefen Wasser zu waten. Ein Schiffszug konnte pro Tag bis zu 30 Kilometer zurücklegen.

Adresse Schifffahrtsmuseum Spitz, Auf der Wehr 21, 3620 Spitz | Anfahrt B 3 bis Spitz, im Kreisverkehr abzweigen in Richtung Spitzer Graben, der Beschilderung folgen und in die Siedlung Erlahof einbiegen | Öffnungszeiten 1. April–31. Okt. täglich 10–16 Uhr | Tipp Der Pastorenturm am Friedhof ist ein Relikt der Herrschaft von Kuefstein. Im 16. Jahrhundert war Spitz zum Großteil evangelisch, der Turm diente den Pastoren als Kanzel für Grabreden.

93_Der Spitzer Graben

Von der Donau geformte Klimaschleuse

Wie eine riesige Furche gräbt sich der Spitzer Graben in die Landschaft. Das größte Seitental der Wachau wurde einst von der Urdonau geformt, die ein Stück weit nördlicher floss. Die kleine Schwester des großen Stromes, der Spitzer Bach, plätschert heute friedlich dahin. Lange Zeit wurde der Bach für die Holztrift genutzt, um die Baumstämme aus dem Hinterland zur Donau herabzutransportieren. Aus diesem Hinterland, dem Waldviertel, kommen die kühlen, feuchten Winde, die ihren Teil zum Wachauer Mikroklima beitragen.

Auf dem Welterbesteig, der in 14 Etappen mit insgesamt 180 Kilometern durch die unterschiedlichen Landschaftstypen des Weltkulturerbes Wachau führt, ist die elf Kilometer lange Strecke durch den Spitzer Graben eine der schönsten. Von der Straße aus, die sich durch das schattige Tal schlängelt, würde man gar nicht mit der Vielfalt rechnen, die sich in den höheren Gefilden abspielt: Naturdenkmäler, alte Steinmauern, Eichen- und Buchenwälder und malerische Weingärten.

Das Tor zum Spitzer Graben ist der Setzberg. Auf dessen Hängen wächst üppig der Wein. Ein Teil des Bergs steht aber auch unter Naturschutz. Dort breiten sich weite Trockenrasen mit seltenen Pflanzen aus. Im Frühjahr blüht das für die Wachau typische Steinfedergras. In sanften Kurven führt der Weg durch den Laabener Graben auf den Offenberg mit herrlichem Panoramablick bis zur Donau und weiter durch Rieden und Wälder bis Mühldorf. Bis ins 13. Jahrhundert war der Spitzer Graben das Zentrum des Weinanbaus in der Region. Durch das sich verändernde Klima im Mittelalter verloren diese Lagen an Qualität, und die Anbauflächen verlagerten sich in Richtung Donau. Nichtsdestotrotz gibt es legendäre Weine aus dem Spitzer Graben, etwa von den Rieden Bruck und Schön, die dramatisch im Hang liegen und nur mühsam bewirtschaftet werden können. Sie gehören zu den höchsten und steilsten Niederösterreichs.

Adresse Zustieg zum Welterbesteig bei Radlbach, 3620 Spitz | Anfahrt B 3 bis Spitz, im Kreisverkehr auf Ottenschlager Straße, dann rechts auf In der Spitz bis Radlbach, dort zu Fuß den Beschilderungen des Welterbesteigs folgen; Bus für die Rückfahrt von Mühldorf nach Spitz: vor.at | Tipp Stärken Sie sich vor dem Anstieg zum Zornberg im »kleinsten Heurigen von Spitz« – an der Labestelle Donabaum direkt am Wanderweg.

94__Die Wachaubahn

Sanfte Alternative

Gerade einmal 12,43 Meter lang ist der Tunnel. Eine alte Sage erzählt von diesem Felsen, den der Teufel höchstpersönlich hierherbefördert haben soll. Die Eisenbahn ist mittlerweile ein Bestandteil dieses klassischen Bilderbuchmotivs der Wachau geworden. Entlang der gesamten Strecke kann man mit der Landschaft auf Tuchfühlung gehen. Man bewegt sich durch Weingärten und rollt durch Gassen, die so eng sind, dass es einen nicht verwundern würde, wenn der Waggon gleich die Hausmauern touchiert.

Diese aufregende Streckenführung ist einem Erzherzog, einem Künstler und einem Bauingenieur zu verdanken. Thronfolger Franz Ferdinand verantwortete den Denkmalschutz im Land. Auch die Wachaumaler engagierten sich für den Erhalt des vorindustriellen Erscheinungsbildes der Landschaft, die sie mit ihren Bildern populär machten.

Franz Ferdinand beauftragte auf Empfehlung den Architekten und Maler Rudolf Matthias Pichler mit der Causa Donauuferbahn. Pichler war sowohl Mitglied der »Kaiserlich-königlichen Zentralkommission für Erforschung und Erhaltung der Kunst und historischen Denkmale« als auch der Dürnsteiner Künstlerkolonie.

Trotz steigender Popularität war die Wachau Anfang des 20. Jahrhunderts öffentlich nur mit Postkutsche oder Dampfer erreichbar. Insofern wurde von mehreren Seiten für einen Anschluss an das Bahnnetz gekämpft. Zunächst sollten die Gleise auf einem Damm, der gleichzeitig Hochwasserschutz gewesen wäre, direkt an der Donau verlaufen. Pichler zeigte Verständnis, erkannte aber auch, dass die Früchte, die »der noch immer lebensfähige Baum alter vergangener Kultur abwirft, verdörren würden, wenn man diesen Baum in seinem Lebensmarke erschütterte«. Er entwarf gemeinsam mit dem Bauingenieur Rudolf Mayreder eine schonendere Trassenführung, die sich mit Tunnels und Brücken in die alte Kulturlandschaft integriert. 1909 fuhr der erste Zug durch die Teufelsmauer.

Adresse 3620 Spitz | **Anfahrt** B 3 bis Spitz, Teufelsmauer von Osten kommend am Ende des Ortsteils Hinterhaus an der Bahnstrecke | **Tipp** Der Zug fährt am ehemaligen Steinbruch von Spitz vorbei. Dieser ist mit einem speziellen Alarmsystem ausgestattet, das vor Steinschlag oder Felssturz warnt.

95__Das Weinbauwerk

Wie der Turm zu Babel

Es ist ein bisschen, als stehe man auf der Terrasse eines Hochhauses. Man befindet sich zwar auf einem Hügel, aber dieser wirkt wie ein monumentales Bauwerk, das offenbar irgendwann einmal mitten in Spitz errichtet worden ist. Wenn auch niemand den Burgberg aufgeschüttet hat, so ist seine Gestaltung doch eine landschaftsarchitektonische Meisterleistung. Sie stammt aus dem Mittelalter, als die Klöster den Weinbau in der Wachau zu forcieren begannen. Die Terrassen, auf denen die Rebstöcke wachsen, wurden Stock für Stock in den Berg getrieben und angelegt, getrennt durch stützende Mauern, die wiederum Stein für Stein aufgeschichtet wurden. An kaum einer anderen Stelle lässt sich der Landschaftsplan, welcher große Teile der Wachau definiert, so gut nachvollziehen.

Im Mittelalter wurde das Volumen in Eimern gemessen. Dabei entsprach ein Eimer etwa 56 Litern. In guten Jahren soll der Burgberg ganze 1.000 Eimer Wein gebracht haben, von daher hat er seinen umgangssprachlichen Namen. Genau genommen ist damit nur der vordere Teil des Berges gemeint. Nach der Definition der Weinrieden – in der Wachau hat jede Lage einen eigenen Namen – heißt die der Donau zugewandte Seite »Tausendeimerberg« und ist eine Subriede auf der rückwärtigen Riede »Burgberg«. Eine Burg hat sich tatsächlich einmal auf dem Berg befunden. Von ihr ist aber nichts mehr übrig.

Der Journalist Matthias Koch schrieb noch im Jahr 1841: »… allein der Wein in Spitz ist so sauer, daß [sic!] ausschließlich Weinessig davon bereitet wird«, bevor er kurz auf die fünf Spitzer Essigsiedereien eingeht. Grund dafür dürften Rebsorten gewesen sein, die zwar hohe Erträge brachten, aber wie schon der Name »Tausendeimerberg« sagt, weniger guten Wein ergaben.

Statt auf Quantität wird seit Langem auf Qualität gesetzt. Die Weine, die auf dem Berg wachsen, gehören heute zu den besten in der ganzen Wachau.

Adresse Tausendeimerberg, 3620 Spitz | **Anfahrt** B 3 bis Spitz, abzweigen auf Rollfährestraße, links in die Obere Gasse gehen, Beginn des beschilderten Weges auf den Tausendeimerberg kurz vor der Bahnüberquerung | **Tipp** Der isländische Künstler Ólafur Elíasson installierte auf der Rollfähre Spitz–Arnsdorf eine Camera obscura.

96__Der heilige Albinus

Wunderwuzzi, Volksheiliger, Popstar

Er war ein richtiger Popstar unter den Heiligen. Obwohl nicht einmal offiziell von der Kirche anerkannt, wurde Albin heiß verehrt. Die kleine Kirche St. Johann, die Johannes dem Täufer geweiht ist und von der bis heute nicht klar ist, zu welchem Zweck sie erbaut wurde, mauserte sich zum gut besuchten Pilgerort. Um wen es sich bei Albin tatsächlich handelte, ist ein Rätsel.

Eine Theorie besagt, dass der Salzburger Erzbischof Adalwinus, der im 9. Jahrhundert lebte, dahintersteckt. Er soll sich als Eremit in die Wälder der Wachau zurückgezogen haben. Wer mit seiner letzten Ruhestätte, die sich mitten in der Kirche von St. Johann in einem Hochgrab befunden hat, in Berührung kam, konnte auf ein Wunder hoffen.

Unter den bei Albin um Fürsprache Betenden waren Kranke, Donauschiffer und Wahrheitssucher. Ehepartner konnten sich auf Treue testen, denn nur wer reinen Herzens war, konnte die Statue von St. Albin anheben. Als übermütige Schiffsleute sich einen Jux machten und die Statue mitnahmen, kehrte sie auf wundersame Weise wieder in die Kirche zurück.

Der Kult um Albin soll dem Leibhaftigen derart auf die Nerven gegangen sein, dass er beschloss, die Kirche zu fluten und die Pilger zu ertränken. Für die Verwirklichung seines hinterhältigen Plans blieben ihm nur die Nachtstunden. Mit Felsen aus den umliegenden Wänden begann er, die Donau aufzustauen. Da krähte plötzlich der Hahn, der Tag brach an, die unfertige Mauer stürzte ein. Wutentbrannt schoss der Teufel dem Hahn einen Pfeil nach, der bis heute in seinem Hinterteil steckt – verewigt am Kirchturm.

Was dem Teufel nicht gelang, schafften letztlich die Menschen. Um den Fall des rätselhaften Volksheiligen zu lösen, wurde das Hochgrab geöffnet – es war leer – und im Jahr 1862 entfernt. Die Umrisse sind noch gut erkennbar. Die Albinstatue wurde in eine vergitterte Nische im hinteren Teil der Kirche verbannt.

Adresse Filialkirche St. Johann, 3621 St. Johann im Mauerthale | Anfahrt B 3 bis St. Johann im Mauerthale | Öffnungszeiten Information unter www.kirchen-am-fluss.at | Tipp Neben der Kirche befindet sich unter einem großen Glockenhelm ein barocker Brunnen, der klares Wasser liefert.

97 Das Mahnmal

Mit Kunst gegen Nazis

Geschichte besteht aus Schichten. Diese müssen laufend freigelegt werden, um die manchmal erschreckende Wahrheit zu erkennen. Die Kunst kann dabei helfen, mit der Vergangenheit umzugehen, wie dies anhand des Mahnmals in St. Lorenz zu erleben ist.

Zunächst zur Natur: Die ist beeindruckend. Ein Eichenwald, bizarre Felsformationen, ein Vorsprung mit Blick über die Donau. Hier hakt die Geschichte ein. In den 1960er Jahren wurde an der Stelle ein Kreuz installiert, das an die Gefallenen der Kampfgruppe Jockisch, einer Reservedivision der Wehrmacht, erinnern sollte. Initiiert wurde es von Mitgliedern der Gruppe, aufgestellt unter Anwesenheit ihres früheren Kommandanten Bernhard Jockisch.

Das sogenannte »Friedenskreuz« wurde ein beliebtes Wanderziel. Kaum jemand kannte die genauen Hintergründe. 2004 wurde es erneuert und mit einer Plakette versehen. Wenige Zeit später waren ein Wehrmachtshelm und ein stählerner Lorbeerkranz am Kreuz angebracht. Das »Friedenskreuz« entpuppte sich als Pilgerziel von Neonazis. Gemeinde und Land Niederösterreich wurden tätig. Die Historiker Robert Streibel und Gregor Kremser fanden heraus, dass die Kampfgruppe Jockisch während des Zweiten Weltkrieges im Gebiet des heutigen Kroatien und Bosnien-Herzegowina gegen Partisanen kämpfte, die Zivilbevölkerung terrorisierte, Geiseln nahm und Dörfer in Brand steckte.

Der Künstler Martin Krenn fand ein passendes Konzept für den Ort. Er vergrößerte eine Fotomontage des 1968 verstorbenen John Heartfield und brachte sie vor dem Kreuz an. Darauf ist ein kleinwüchsiger Hitler zu sehen, der Eicheln zum Wachsen bringen will. Heartfield hatte im Jahr der NS-Machtergreifung in Deutschland die Gefahr erkannt und war mit den Mitteln der Satire dagegen vorgegangen. Den Aussichtsfelsen unterhalb des Kreuzes ließ Krenn von Schülern gestalten, die in Collagen den Umgang mit dem Nationalsozialismus thematisieren.

Adresse 3602 St. Lorenz | **Anfahrt** B 33 bis St. Lorenz, Beginn des Wanderweges (Welterbesteig) etwas östlich von St. Lorenz auf der rechten Seite | **Tipp** An einem Rastplatz des Rossatzer Panoramaweges begegnet Ihnen auf einem Granitfindling ein Muranoglas-Mosaik: eine große Smaragdeidechse.

98 Die Nase

Ein Duft liegt in der Luft

In der Nase bohren ist schon schlimm genug. Aber in ein Nasenloch hineinsteigen? Ist leicht möglich, weil die Nasenlöcher so groß sind, dass man sich nicht einmal bücken muss beim Betreten. Von der Rollfähre aus wirkt es so, als rage die Nase eines Riesen aus dem Boden. Geschaffen hat den vier Meter hohen, bekletterbaren Riechkolben die international bekannte österreichische Künstlergruppe Gelatin. Sein authentisches Aussehen ist der Tatsache zu verdanken, dass die vier Künstler ein Nasencasting veranstalteten und von allen Beteiligten Gipsabdrücke nahmen, um ein für die Wachau typisches Exemplar zu finden. Letztendlich kombinierten sie die Nasen einer in der Wachau lebenden Hamburgerin und eines Bürgermeistersohns.

Zur Eröffnung im Juli 2014 zogen die Künstler einen riesigen Popel aus den Nasenlöchern. Dass inzwischen Gras aus den Nasenlöchern wächst, ist für sie vollkommen in Ordnung, wachsen doch auch beim Menschen Nasenhaare. Und auch der Geruch in der Nase verändert sich, bedingt durch Witterung und Jahreszeiten. Regnet es oder tritt die Donau übers Ufer, so sammelt sich in der Nasenhöhle Wasser an, das nach einiger Stehzeit brackig riecht. Nicht auszudenken, welche Gerüche sich nach Festivitäten mit angeheiterten Besuchern in der Nasenhöhle ansammeln.

Der Geruchssinn ist in der Wachau das ganze Jahr über gefordert. Im Frühling beginnt es mit den Mandeln, eine Blüte folgt auf die andere, danach kommen die reifen Marillen, im Herbst duftet es in den Weinterrassen und aus den Kellerfenstern, und im Winter lässt der Wind die Nase triefen.

Der Bachmannpreisträger Tex Rubinowitz meinte in seiner Festrede anlässlich der Naseneröffnung, dass dieselben unterschätzt würden und ihre Fähigkeiten und ihr Aufgabenbereich weit über das hinausgingen, wofür sie allgemein bekannt seien. Die Wachauer Nase hat auf jeden Fall das Zeug zum Wahrzeichen.

Adresse Fähranlegestelle, 3602 St. Lorenz | Anfahrt B 33 bis St. Lorenz, abzweigen zur Fähranlegestelle | Tipp Die Kirche von St. Lorenz zählt zu den ältesten der Wachau und ist eine Besichtigung wert.

99 Die falschen Hasen

Tierische Verwirrungen

Da wird einem ein Hirsch für einen Hasen verkauft. Nein, eigentlich handelt es sich um Pferde. Ist nicht auch ein Hund dabei? Vom Rätsel um die Tiere auf dem Dach der Kirche von St. Michael wusste schon der erste über die Wachau verfasste Reiseführer aus dem Jahr 1890 zu berichten: »In Wirklichkeit sind es sieben verschiedene Thiere [sic!], unter denen ein Hirsch und ein aufgezäumtes Pferd deutlich erkennbar sind.« Für den Autor Josef Rabl mag es sich so deutlich dargestellt haben. Wer aber heute von unten auf den Dachfirst schaut, wird sich schwertun, diese Unterscheidungen zu treffen. Die echten Tonfiguren sind mittlerweile im Museum Krems ausgestellt. Aber weder dort noch mit einem guten Fernglas, das auf die originalgetreuen Repliken am Dachfirst gerichtet ist, lassen sich alle Tierarten exakt bestimmen.

Einer der beliebtesten Wachauer Sagen nach soll es einmal einen strengen und kalten Winter gegeben haben. Meterhoch soll der Schnee in St. Michael auf die Hausdächer gedrückt und sogar den Raum zwischen Felswand und Kirche vollständig ausgefüllt haben. Verzweifelt, weil jede Nahrungsquelle versiegt war, soll sich eine Gruppe hungriger Hasen auf das Kirchendach verirrt haben. Dieses Bild, sagt die Legende, wollten die Menschen festhalten, um sich an die Entbehrungen des Winters zu erinnern. In einer anderen Version sollen es gar die echten Hasen sein, die nach dem Abschmelzen des Schnees am Dach gefangen waren und zu Stein wurden.

Eine ganz andere Geschichte erzählt von sieben Pferden, die einem Herrn Siebenrössl, der möglicherweise der Baumeister der Kirche war, zu Ehren aufgestellt wurden oder sogar dessen Namen in versinnbildlichter Form darstellen.

Die Geschichten um die »falschen Hasen« nehmen damit noch lange kein Ende. In vielen Quellen ist von einer Jagdszene mit Hirsch, Hasen und Verfolger die Rede, die zur Abwehr böser Geister aufgestellt wurde.

Adresse Filialkirche, 3610 St. Michael | Anfahrt B 3 bis St. Michael, an der Straße parken und zu Fuß weiter in den Ort zur Kirche | Öffnungszeiten März–Okt. täglich 8–18 Uhr bis zum Gittertor geöffnet, Nov.–Feb. nur So und Feiertage | Tipp Unter dem Kreuzrippengewölbe des gotischen Karners aus dem Jahr 1395 befinden sich drei Mumien aus der Renaissancezeit, 15 Witwenzöpfe und josephinische Sparsärge.

100 Das Lieblingsgasthaus

Wo die Kunstsammler einkehren

Es war Liebe auf den ersten Blick. Agnes Schömer hörte die Türklingel und kam die Treppe herab. Unten stand ein ihr unbekannter Mann, der soeben in New York angekommen war. Die Adresse in der Park Avenue hatte er über drei Ecken von Bekannten erhalten. Die junge Frau, die dort bei ihrer Tante wohnte und in einer Galerie arbeitete, zeigte dem Kaufmann die Stadt. Die beiden zog es in die Galerien und Museen. An keinem anderen Platz der Welt war das Kunstgeschehen Ende der 1950er Jahre aufregender. Agnes Schömer und Karlheinz Essl wurden ein Paar, und sie entdeckten ihre gemeinsame Leidenschaft: die Kunst.

Wenige Monate später flog Karlheinz Essl für kurze Zeit nach Österreich zurück, um Beziehungen für Export-Geschäfte anzubahnen. Nach seiner Ankunft begab er sich nach Klosterneuburg, um bei seinen zukünftigen Schwiegereltern vorstellig zu werden. Fritz Schömer lud den jungen Mann kurzerhand zu einem Ausflug in »seine Wachau« ein, die gerade in der Marillenblüte stand. Im Gasthaus Knoll kehrten die beiden Herren ein.

Fritz Schömer hatte die Weinbauschule in Klosterneuburg besucht, war aber in den Kohlehandel eingestiegen. Die Weinkultur ließ ihn sein Leben lang nicht los, die Freundschaften zu Weinbauern blieben, und wann immer es ihm möglich war, fuhr er in die Wachau.

Als das junge Paar nach Österreich zurückkehrte, läuteten bald die Hochzeitsglocken. Der Rest ist Geschichte – und Kunstgeschichte. Agnes und Karlheinz Essl bauten in den kommenden 50 Jahren die größte und bedeutendste Sammlung zeitgenössischer Kunst in Österreich auf, förderten Künstlerinnen und Künstler und errichteten mehrere Häuser für die Kunst. Dem Gasthaus Knoll sind sie immer treu geblieben. Wenn sie ihre Liebe zur Kunst nicht gerade in die Museen von Peking, New York, Mumbai oder Paris führt, dann ist es leicht möglich, dass sie einen Ausflug in die Wachau machen und »beim Knoll« einkehren.

Adresse Loibnerhof, Nummer 7, 3601 Unterloiben | **Anfahrt** B 3 bis Unterloiben, abzweigen in den Ortskern | **Öffnungszeiten** Feb.–Dez. Mi–So und Feiertage 11.30–23 Uhr, Küche 11.30–19.30 Uhr | **Tipp** Emmerich Knoll stellt im benachbarten Weingut Spitzenweine her, die Sie im Loibnerhof genießen können.

101 Die Tegernseer Botschaft

Wein und Bier vertragen sich

Was wäre die Diplomatie ohne den Wein? Bei einem guten Tropfen können aus historischen Beziehungen plötzlich neue Freundschaften entstehen. Loiben und die bayrische Stadt Tegernsee haben eine lange gemeinsame Geschichte. Im Jahr 1002 schenkte Kaiser Heinrich II. dem Kloster Tegernsee zwei Huben Land in der Wachau, was in etwa einer Fläche von 20 Hektar entspricht. Ein Herrschaftshof wurde zur Verwaltung und ein Lesehof – der Tegernseerhof – für den Weinbau errichtet. Damit war sichergestellt, dass das Kernland des Bierbrauens jahrhundertelang mit dem kostbaren Rebensaft aus der Wachau versorgt werden konnte.

Erst mit der Säkularisierungswelle von Kaiser Joseph II. im 17. Jahrhundert veränderte sich die Situation in der Wachau grundlegend. Das Kloster Tegernsee, und auch zahlreiche andere Klöster, verloren ihre Besitzungen. Lediglich seinen Namen behielt der Tegernseerhof bei, ehe er in den Familienbesitz wechselte, in dem er sich heute bereits seit sieben Generationen befindet.

Die freundschaftlichen Beziehungen mit Bayern wurden im 21. Jahrhundert wieder aufgenommen. Weil 2002 ein verheerendes Hochwasser die Wachau traf, wurden die Feierlichkeiten zum 1.000-jährigen Jubiläum der Beziehung Loiben–Tegernsee im Jahr darauf nachgeholt. Zu diesem Anlass erhielt Winzer Franz Mittelbach einen großen Schlüssel vom Tegernseer Bürgermeister – und damit symbolisch die im 11. Jahrhundert genommene Freiheit zurück. Dürnstein, zu dem Loiben mittlerweile gehört, wurde Partnerstadt von Tegernsee, und der ehemalige Lesehof erhielt das Ehrenamt der diplomatischen Vertretung samt markantem Schild neben der Hoftür. Kommen Besucher aus der bierseligen Partnerstadt, dann sind sie auf ein Glas Wein in der Botschaft eingeladen. Martin Mittelbach, der das Weingut von seinem Vater Franz übernommen hat, lässt aber auch alle anderen Interessierten seine preisgekrönten Weine verkosten.

Adresse Weingut Tegernseerhof, Nummer 12, 3601 Unterloiben | **Anfahrt** B 3 bis Unterloiben, abzweigen in den Ortskern | **Öffnungszeiten** nach Voranmeldung unter Tel. 02732/85362 | **Tipp** An vielen Häusern in Unterloiben sind eingemauerte Kanonenkugeln der Schlacht von 1805 zu sehen. Ein altes Fresko an der Fassade des Tegernseerhofes zeigt den heiligen Christophorus.

102 Das Weingut Högl

Wenn Winzer auf Architekten treffen

Der große Verkostungsraum wirkt wie das Innere einer Kathedrale. Die Wände laufen spitz aufeinander zu und öffnen den Raum nach oben. Alles ist aus Holz. Der Blick durch das große Fenster offenbart, worum es hier geht. Steil fallen die Weinterrassen herab. Es sind die Rieden Schön und Bruck, aus denen Josef und Georg Högl, Vater und Sohn, ihre Rieslinge und Grünen Veltliner keltern.

Den Bau mit dem Knick, der das alte Gebäude – in dem die Högls seit ein paar Generationen leben und arbeiten – ergänzt, haben die Vorarlberger Architekten Elmar Ludescher und Philip Lutz geplant. Als diese zum ersten Mal nach Vießling kamen, gingen sie ausgiebig in den Weinbergen wandern, erkundeten das Terrain und verkosteten die Weine.

Der Spitzer Graben hat seine landschaftlichen Eigenheiten: enge Windungen und dramatische Steillagen. Darauf gingen die Architekten ein, knickten das in der Kurve stehende Haus und richteten es zu den kostbaren Rieden hin aus. Der Knick setzt sich im Inneren des Weinguts fort. Das steile Satteldach nimmt die Form des alten Gebäudes auf. In Anspielung auf die Weinfässer wurde im Innenraum Eichenholz eingesetzt, das Holz an der Außenfassade stammt von Weißtannen aus dem familieneigenen Wald; Josef Högl hat sie dafür selbst geschnitten.

Josef Högls Eltern betrieben eine gemischte Landwirtschaft mit einer kleinen Weinanbaufläche für den Eigenbedarf. Er entschied sich beruflich für den Weinbau, sammelte Know-how bei großen Weingütern und machte sich Ende der 1980er Jahre selbstständig. Schnell wurden die Högl-Weine zum Geheimtipp. Vater und Sohn Högl haben es nicht eilig mit Entscheidungen, lieber schlafen sie mehrmals darüber. So wachsen die Anbauflächen langsam, und das neue Gebäude, in dem sich Vinothek und Lagerflächen befinden, wurde mit Bedacht geplant. Für die Umsetzung haben Architekten und Bauherren bereits mehrere Architekturpreise erhalten.

Adresse Weingut Högl, Nummer 31, 3620 Vießling | Anfahrt B 3 bis Spitz, im Kreisverkehr abzweigen in Richtung Spitzer Graben und der Straße folgen bis Vießling, Weingut direkt an der B 217 | Öffnungszeiten Gelegenheit zum Weinkauf nach Voranmeldung unter Tel. 02713/8458, Mo – Sa 9 – 11 und 13 – 17 Uhr, So und Feiertage geschlossen | Tipp Die Weinsteintour führt Mountainbiker von den Wachauer Weinbergen über die Gipfel der angrenzenden Berge durch die Wälder des südlichen Waldviertels.

103__Die Achleitenstube

Kalabrien liegt in der Wachau

Früher sei sie manchmal ganz schön unter Strom gestanden, erzählt Christine Hüttemeier. Das war in Bayern, wo sie mit ihrem Mann Franco Tripudio zunächst ein Café und dann eine Pizzeria betrieben hatte. Eigentlich wollte sie raus aus der Gastronomie, doch dann schaute sich Franco ein Lokal in Spitz an – und schon übersiedelten die beiden in die Wachau und betrieben ein Restaurant mit mehreren Angestellten, regionaltypischer Küche und Weinverkostungen. In die Landschaft verliebten sie sich sofort, das Lokal war aber noch nicht das richtige. Über eine Bekannte erfuhren sie von einem kleinen Gasthaus in der malerischen Kremser Straße in Weißenkirchen – und wechselten den Standort. Christine, bestens mit der lokalen Weinkultur vertraut, hatte die Namensidee: Achleitenstube. Nach einer der berühmtesten Wachauer Weinrieden, die gleich in Fußnähe liegt. Eine kleine Referenz ist dieser Name auch an das legendäre Vorgängerwirtshaus, das Klaus-Diele hieß. Die Ried Klaus ist ebenso nur ein paar Schritte entfernt. Und diese Nähe nutzt das bayrisch-italienische Paar gerne, um zwischendurch in der Weinlandschaft spazieren zu gehen, denn in der Wachau haben die beiden ihren Ruhepol gefunden, und das trotz der oft voll besetzten Tische.

Dass in der Achleitenstube kalabresisch gekocht wird, hat sich bald nach der Eröffnung herauskristallisiert – denn die Gäste lieben Pizza und Pasta aus Francos Küche. Aus dem Süden Italiens kommen nicht nur die Rezepte, sondern auch Ingredienzien wie Olivenöl, Essig und Mehl – und der Rest ist aus der Region.

Nicht nur die Wachauer Weine passen hervorragend zur italienischen Küche. In den gepflasterten Gassen, zwischen den jahrhundertealten Häusern und Lesehöfen, unterhalb der Weinterrassen fühlen sich die Bayerin und der Italiener wie in Kalabrien. Wer die Sonne im Gastgarten einmal untergehen sieht, bei Pasta und Wein, spürt den Zauber des Südens.

Adresse Kremser Straße 5, 3610 Weißenkirchen | **Anfahrt** B 3 bis Weißenkirchen, abzweigen auf Rollfährestraße, dann Untere Bachgasse, rechts auf Marktplatz und weiter in die Kremser Straße | **Öffnungszeiten** Fr – Di 11 – 14 und 17 – 22 Uhr, Küche 11 – 13.30 und 17 – 20 Uhr, Mi und Do geschlossen, Feiertage Fr – Di geöffnet, Mi und Do auf Anfrage | **Tipp** Der Naturbadestrand mit feinem, weißem Sand nahe der Rollfähre lädt an heißen Tagen zur Abkühlung in der Donau.

104__Das fremde Kirchenportal

Umbau einmal gotisch, bitte!

In wenigen Gegenden wird das Ortsbild so sehr von Kirchen geprägt wie in der Wachau. Viele davon wurden als Wehrkirchen angelegt. Sie dienten den Menschen in Krisenzeiten als schützende Unterkunft. Ihre Baugeschichte beginnt im Mittelalter und endet meist in der Barockzeit.

In Weißenkirchen umrahmen Marillenbäume und Weinstöcke den Kircheneingang, vor dem sich das magische Panorama des ältesten Teils der Wachau auftut. Niemand würde auf den ersten Blick dahinterkommen, dass das spitze gotische Portal erst in den 1950er Jahren eingebaut wurde. Wer das Mauerwerk betrachtet, kann allerdings gut nachvollziehen, dass die dicke Wand durchbrochen und neu verputzt wurde. Dazu kam es, als die Kirche in den 1950er Jahren mit einer Heizung ausgestattet wurde. Zwei Zugänge mussten weichen. Während an der Nordseite eine andere Tür geöffnet werden konnte, war im Süden ein Umbau vonnöten. Aber woher ein passendes Kirchenportal nehmen, wenn die gotischen Baumeister in ihren Gräbern schlummern?

Wie wäre es mit einem Ersatzteil? Die Gelegenheit dafür bot sich, als ein altes Portal frei wurde. In der 50 Kilometer entfernten Stadt Wieselburg hatte an einem Oktobersonntag im Jahr 1952 der Blitz in die Kirche eingeschlagen. Glück im Unglück. Zwar war der Schaden durch Brand und Löschwasser enorm. Letztlich verhalf er den Wieselburgern aber zu einer ohnehin angestrebten Kirchenvergrößerung und förderte jahrhundertealte Geheimnisse zutage. Ein gut erhaltener Gebäudeteil stellte sich als ältester Sakralbau Österreichs heraus. Damit nicht genug. Die Restauratoren legten schließlich auch noch seltene mittelalterliche Monumentalmalereien frei.

Um Platz und Geld für Renovierung und Zubau zu bekommen, verkauften die Wieselburger ihre Kirchenkanzel, zwei Seitenaltäre und das Eingangsportal. Seither betritt man die Kirche im Weinort Weißenkirchen durch ein Portal aus der Braustadt Wieselburg.

Adresse Pfarrkirche, Marktplatz 14, 3610 Weißenkirchen | Anfahrt B 3 bis Weißenkirchen, abzweigen auf Rollfährestraße, dann Untere Bachgasse, rechts auf Marktplatz | Öffnungszeiten April–Okt. Mo–Sa 9–19 Uhr, Nov.–März Fr–So 9–17 Uhr | Tipp Beim Kirchenwirt nebenan können Sie wunderbare Mohnnudeln genießen.

105 Die Gärtnerei Hick

Wenn die Experimentierfreude Früchte trägt

Dass alles ein bisschen intensiver blüht und schmeckt in der Wachau, ist dem Klima zu verdanken. Die atlantische Luft kommt von Westen in das enge Tal, die wärmere pannonische Luft von Osten her. Das Wasser der Donau und die Fallwinde aus dem Waldviertel haben eine kühlende Wirkung und sorgen für stärkere Temperaturschwankungen zwischen Tag und Nacht als andernorts. Für einen kreativen Gärtner sind das äußerst gute Voraussetzungen.

Stefan Hick hat von Kindheit an die Kulturlandschaft aufgesogen und neben einer Vorliebe für die Natur auch eine Leidenschaft für die Geschichte und die Geheimnisse der Region entwickelt. Wenn er in seiner Freizeit nicht im Garten mit Kakis, Datteln und Granatäpfeln beschäftigt ist, kann es sein, dass man ihn in Kirchen und an historischen Stätten antrifft, wo er sich mit den Rätseln der Vergangenheit beschäftigt. In der Gärtnerei macht er das, was kluge Köpfe schon vor Jahrhunderten in der Wachau gemacht haben: Er nutzt das Klima, experimentiert mit neuen Pflanzen und kultiviert jene, die in der Zwischenzeit heimisch geworden sind. Dazu gehören neben Marillen-, Mandel- und Weingartenpfirsichbäumen natürlich Weinstöcke. Was aber ist das Wachauer Edelweiß? Mit der Alpenversion hat es jedenfalls nichts gemein. Die niedrige Staude wächst an den omnipräsenten Trockensteinmauern. Im Frühjahr ist sie dicht bedeckt mit gelben Blüten. Ebenso ein Blickfang wie die winterharte Bitterorange, die üppig auf dem Areal der Gärtnerei blüht.

Einem ertragreichen Pfefferonijahr ist es zu verdanken, dass die Hicks das überschüssige Gemüse trockneten, fein zerrieben und zu Gewürz machten. Eine Chilisorte folgte auf die nächste, bis man bei den schärfsten der Welt angelangt war. Diese kann der Gärtner nur mit höchster Sorgfalt und unter Anwendung gleich mehrerer Vorsichtsmaßnahmen verarbeiten. Das gewisse Etwas im Geschmack ist wieder dem Wachauer Klima zu verdanken.

Adresse Ritzlingbachstraße 191, 3610 Weißenkirchen | Anfahrt B 3 bis Weißenkirchen | Öffnungszeiten März–Okt. Mo–Fr 7.30–12 und 13–18 Uhr, Sa 7.30–12.30 Uhr; Nov.–Feb. Mo–Fr 8–12 und 13–18 Uhr, Sa 8–12 Uhr, Selbstbedienungsbereich »Die Pflanzerei« rund um die Uhr geöffnet | Tipp Der Stadtteil »Auf der Burg« ist einer der ältesten von Weißenkirchen. Genießen Sie bei einem Heurigen im sogenannten Burg-Viertel den wunderbaren Ausblick auf die Donau.

106 Die Seiberer Straße

Am Semmering der Wachau

Die Motoren brummen. Tollkühne Damen und Herren legen sich in die Kurven. So manches Verdeck ist offen. Die Straße windet sich entlang der Weinterrassen und durch blühende Obstbaumgärten nach oben. VW Käfer, Stanglpuch, Goggomobil, Opel Kadett Baujahr 71 – die Automobile, Motorräder und Mopeds sind allesamt schon in die Jahre gekommen. Jeden letzten Sonntag im April treffen sich die stolzen Besitzer mit ihren schnittigen Karossen zum Stelldichein. Am Tag davor sind alte Drahtesel und ihre Besitzer geladen.

Dass die Panoramastraße einmal eine richtige Rennstrecke war, passt nicht mehr ganz ins Bild unserer Zeit. Das erste Rennen gab es 1924, die Straße war aber schon viele Jahre zuvor für Testzwecke befahren worden. Im Unterschied zu heute mussten die frühen Rennpioniere auf Sand fahren. Die acht Kilometer lange Piste zählte zu den schwierigsten Bergstrecken der damaligen Zeit. Am Semmering hatten schon Ende des 19. Jahrhunderts die ersten Bergrennen stattgefunden. Daher erhielt der Seiber mit seinem Panorama den Beinamen »Semmering der Wachau«.

In der Nachkriegszeit wurde die kurvige Strecke, die teilweise eine Steigung von zwölf Prozent hat, für Rallyes genutzt. 1986 rief der Erste Österreichische Kleinwagen Club den Seiberer Bergpreis ins Leben, eine Wertungsfahrt für Oldtimer, die seither jedes Jahr ein Spektakel ist. Das Vintage-Gefühl passt zum Panorama. Wer wollte sich nicht schon immer einmal fühlen wie Gunther Philipp, der mit offenem Verdeck durch die Wachau zischte, oder die Kessler-Zwillinge, die auf Motorrollern singend die Donau entlangfuhren.

Der Seiber mit seinen 738 Metern Höhe verbindet die Wachau mit dem dahinterliegenden Waldviertel. Die Weinterrassen gehen in dichte Wälder über. Radfahrer, die Herausforderungen suchen, schätzen den Höhenzug wegen der Steigung und des Windes, der einem von Norden her entgegenweht.

Adresse Seiber, 3610 Weißenkirchen | Anfahrt B 3 bis Weißenkirchen, abzweigen auf Ritzlingbachstraße, der Straße folgen | Tipp In der Vinothek Thal Wachau verkaufen von April bis Oktober Winzer aus der Gemeinde Weißenkirchen ihre Weine.

107__Die Smaragdeidechsen

Majestät mit grünem Antlitz

Kein Wunder, dass die Wachauer Weine mit der höchsten Qualität ihren Namen tragen. In puncto Beliebtheit kann sie locker mit Katze und Hund mithalten. Die Menschen in der Wachau sind stolz darauf, ihren Lebensraum mit der Smaragdeidechse teilen zu dürfen.

Das Geheimnis dieser Symbiose ist die vom Menschen geschaffene Terrassenlandschaft mit den Trockenmauern aus Naturstein. Diese wurden erstmals im Mittelalter in mühevoller Handarbeit gelegt, ohne dabei ein Bindemittel wie Mörtel zu verwenden. Für die Landschaft und die Tierwelt sind diese Mauern wesentlich verträglicher als etwa Betonmauern. Bei starken Regenfällen kann das Wasser leicht abrinnen. An sonnigen Tagen wird die Wärme gespeichert und in der Nacht abgegeben, was sich positiv auf die Qualität der Weine auswirkt. Damit ist die Wachau ein Beispiel für eine Kulturlandschaft, die einer ganzen Reihe von Arten einen Lebensraum gibt, von der Äskulapnatter über seltene Schmetterlinge wie den Segelfalter und den Apollofalter bis zur Gottesanbeterin.

Aus der Ried Achleiten kommen einige der Spitzenweine der Wachau. Der alte Weingarten zieht sich von der Donau hoch hinauf bis zum Waldrand. Im oberen Teil des Panoramaweges, der durch die Ried führt, findet sich ein Aussichtsplatz mit einem der vielleicht schönsten Panoramablicke weit und breit. Entlang des Weges kann es vorkommen, dass es häufig im Gebüsch raschelt. Tritt dieser Fall ein, befindet man sich mit hoher Wahrscheinlichkeit in der Gesellschaft von Smaragdeidechsen. Dann heißt es: auf leisen Sohlen weitergehen und behutsam sein, denn nicht nur wir Menschen strecken gern unsere Köpfe in die Sonne. Mit etwas Glück sieht man sie auf den warmen Mauern zwischen den Rebstöcken sitzen. Als größte in Österreich heimische Eidechsenart wird sie bis zu 40 Zentimeter lang.

Ihr in allen Grüntönen schillerndes Äußeres versprüht ohne jeden Zweifel eine majestätische Grazie.

Adresse Panoramaweg Achleiten, 3610 Weißenkirchen | **Anfahrt** B 3 bis Weißenkirchen, Start des Rundwanderweges beim Kirchensteig hinter der Kirche, dann Weinweg, Weitenbergweg und rechts zu den Weinrieden, der Beschilderung »Rebgarten Stockkultur Achleiten« folgen | **Tipp** In und um Weißenkirchen kann man sich idyllisch das Jawort geben: ob im historischen Teisenhoferhof, auf einem der Weingüter inmitten der Weinreben oder an Bord eines strahlend weißen Schiffes.

108__Der Teisenhoferhof

Bretter, die für Mutter und Sohn die Welt bedeuten

Wenn Waltraut Haas am Weg in die Wachau ist und die Türme von Göttweig sieht, dann ist es für sie jedes Mal wie Nach-Hause-Kommen. Nicht selten wird sie mit Worten wie »Unser Mariandl ist wieder da!« begrüßt.

Die Schauspielerin kann auf mehr als sieben Jahrzehnte Theater- und Filmarbeit zurückblicken. An Angeboten mangelt es ihr nach wie vor nicht. Am liebsten arbeitet sie mit ihrem Sohn Marcus Strahl. Der Schauspieler und Regisseur war eine Zeit lang Teil des Ensembles der Weißenkirchner Komödienspiele, bis ihm im Jahr 2005 selbst die Intendanz angeboten wurde und er die Wachaufestspiele im Teisenhoferhof begründete. Zum Einstand inszenierte er den »Hofrat Geiger« und holte dafür seine Eltern Waltraut Haas und Erwin Strahl auf die Bühne. Das Stück stammt aus dem Jahr 1942. Autor Martin Costa hatte in der Nazizeit Berufsverbot, weshalb der »Hofrat Geiger« zuerst in Prag unter anderem Namen und in Wien erst nach dem Krieg aufgeführt wurde. Die Verfilmung, die zwei Jahre später in die Kinos kam, zählt bis heute zu den größten Blockbustern der österreichischen Filmgeschichte, machte die Wachau zum Sehnsuchtsort der Nachkriegszeit und Waltraut Haas zur Legende. Alle paar Jahre zeigt Marcus Strahl den »Wachauer Jedermann«, der in der Dialektversion »direkt ins Herz geht« – passend, hatte Hugo von Hofmannsthal doch ursprünglich das nahe Dürnstein als Aufführungsort für sein Stück im Sinn.

Die Wachau ist für Mutter und Sohn ein Familienort geworden. Gelegentlich sitzen die beiden an der Donau. Nahe bei der Anlegestelle der Rollfähre befand sich der Lieblingsplatz von Waltraut Haas und Erwin Strahl, der im Jahr 2011 verstorben ist. In den Sommermonaten wird im Teisenhoferhof geprobt und Theater gespielt. Neben den bereits etablierten Komödien bringt Marcus Strahl auch Ernstes auf die Bühne – wie seine Mutter ist auch er schon ein Urgestein der Wachau geworden.

Adresse Marktplatz 177, 3610 Weißenkirchen | Anfahrt B 3 bis Weißenkirchen, abzweigen auf Rollfährestraße, dann Untere Bachgasse, rechts auf Marktplatz | Öffnungszeiten Wachaumuseum im Teisenhoferhof Apr.–Nov. Fr–So und Feiertage 10–12.30 Uhr und 13–17 Uhr | Tipp Flanieren Sie durch die Kremserstraße – zwischen Weinstöcken und einer malerischen Häuserzeile mit Winzerhöfen und Lokalen.

109 Das Gasthaus zur Venus

Nebenschauplatz einer Weltsensation

Am 7. August 1908 legte der Arbeiter Johann Veran im Rahmen einer wissenschaftlichen Ausgrabung eine kleine Figur frei. Es handelte sich dabei um einen der bedeutendsten Funde der Menschheit: die Venus von Willendorf.

Dass die Verantwortlichen der Grabung, Josef Szombathy, Hugo Obermaier und Josef Bayer, während des Fundes gesellig im Gasthaus saßen, ist nur eine von zahllosen Legenden. Die Ur- und Frühgeschichtlerin Walpurga Antl-Weiser, die als Hüterin der Venus von Willendorf gilt, hat sich eingehend mit der Fundgeschichte beschäftigt und dabei so manche Ungereimtheit beseitigt. Josef Szombathy war Leiter der anthropologisch-prähistorischen Sammlung im Naturhistorischen Museum in Wien. Als Urgeschichte-Pionier kannte er die Willendorfer Fundstellen seit den 1880er Jahren und veranlasste die Grabungen. Mit den Arbeiten vor Ort betraute er den aufstrebenden Prähistoriker Hugo Obermaier und den hoch ambitionierten Josef Bayer, der nach seinem Studienabschluss ein Volontariat im Museum absolvierte.

Als die Venus gefunden wurde, waren alle drei Herren auf der Ausgrabungsstelle anwesend. Szombathy und Bayer registrierten den Fund sofort; Obermaier, der ein Stück von den beiden entfernt arbeitete, wurde am Abend informiert. Wenig später begannen die Streitereien, einerseits um wissenschaftliche Fragen, andererseits um Ansprüche und die Hoheit der Veröffentlichung. Eine gemeinsame Publikation kam nie zustande. Zunächst erfuhren nur Fachkreise von der Venus, Jahre später erst die breite Öffentlichkeit. Inzwischen nahm die Legendenbildung ihren Lauf.

Das ehemalige Gasthaus König war definitiv ein Schauplatz des Geschehens und mutierte rasch zum »Gasthaus zur Venus«. Dorthin brachten die Herren den Fund, reinigten und besprachen ihn. Dann wurde ausgiebig gefeiert – und ehe die Venus nach Wien gebracht wurde, blieb sie sicher in einem der Gästezimmer verwahrt.

Adresse Gasthof zur Venus, Nummer 36, 3641 Willendorf | Anfahrt B 3 bis Willendorf, abzweigen in den Ort | Öffnungszeiten Mo, Di, Fr und Sa 11–23 Uhr, So 9–22 Uhr, Mi und Do Ruhetag (außer Feiertage), warme Küche 11.30–21 Uhr | Tipp Am Weg zur Fundstelle der Venus kommen Sie am Venusium vorbei, einem kleinen Museum mit weiteren Fundstücken der Ausgrabungsarbeiten in Willendorf. Im Shop können Sie auch eine Nachbildung der berühmten Dame erwerben.

110 Der Vogelschreck

Nicht jeder Heilige ist ein Tierfreund

Mittlerweile pfeifen die gefiederten Freunde auf den Vogelschreck. Rund um den Bildstock zwitschert und tschilpt es aus den Wäldern. Ginge es nach der Sage, dürfte hier kein Spatz mehr sitzen.

Auf dem Gemälde im Bildstock ist die Szene zu sehen, die das ursprüngliche Vogeldilemma ausgelöst hat. Demnach war der später heiliggesprochene Wolfgang von Regensburg auf einer Reise, die ihn durch den Wolfsteiner Graben führte. Damals noch als Missionar, der entsandt worden war, um die Ungarn zu bekehren, welche Otto der Große in der Schlacht am Lechfeld wenige Jahre zuvor zurückgedrängt hatte.

Erschöpft und hungrig soll er sich betend auf einem großen Stein niedergelassen und seine Jause vor sich ausgebreitet haben. Just in dem Moment habe ihm eine Schar frecher Spatzen und Elstern das Brot streitig gemacht. Fuchsteufelswild soll der Ordensmann aufgesprungen sein und kräftig auf den Stein gestampft haben. Grund für den Wutausbruch soll nicht der Brotraub gewesen sein, sondern die Störung des Gebets. Wolfgangs Fußabdruck, der sich beim Aufstampfen kraft des jähen Zorns tief eingegraben hat, ist bis heute sichtbar und soll die Vogelwelt von diesem Ort verbannen.

Um Wolfgang, der während seiner Zeit als Bischof von Regensburg zahlreiche Kirchen gründete, ranken sich mehrere Legenden, die ein wesentlich freundlicheres Bild von ihm vermitteln. Er ist der Patron mehrerer Handwerksberufe, der Schiffer und Hirten und als Nothelfer für nahezu jede Körperregion zuständig.

Für das sich ausbreitende Christentum waren Fußabdruck-Legenden wie jene von Wolfgang eine willkommene Umdeutung von heidnischen Stätten. Was den Wolfgangstein betrifft, so gab es späte Gerechtigkeit für die Vogelwelt. Als der Stein mit dem Vogelbann-Symbol beim Straßenbau umgelegt wurde, zerbrach er. Mit Zement geflickt, ruht er jetzt unter dem Bildstock.

Adresse 3642 Wolfstein | **Anfahrt** B 33 bis Aggsbach Dorf, in den Ort abzweigen, dann rechts in Richtung Kartause fahren und der L 106 weiter bis zum Bildstock in Wolfstein folgen | **Tipp** Über der Ortschaft thront die Burgruine Wolfstein, deren mittelalterlicher Eingang unterhalb des heutigen Zugangs erhalten ist und deren Vorburg sogar heute noch bewohnt wird.

111_Das Brauhaus

Bier aus dem Weinkeller

Man würde es an so einem Ort niemals vermuten, inmitten der malerischen Wösendorfer Weingärten, umgeben von den berühmten Rieden Kollmütz und Bachsatz, in der steilen Kellergasse: Anstelle von Weintrauben werden hier Hopfen und Malz vergoren. Dies geschieht – wie sollte es auch anders sein – im ehemaligen Weinkeller des Hauses, zu dem einmal zwei kleine Weingärten in unmittelbarer Nähe gehörten. Daniela Friesenbichlers Großeltern ließen dort noch ihre Weine reifen. Sie und ihren Ehemann Stefan Friesenbichler zog es mehr zum Bierbrauen hin als zum Weinkeltern. Nach ersten Experimenten in einem Kochtopf, positiven Stimmen und Ermutigungen begann der aus der Steiermark stammende IT-Techniker, das Handwerk des Biersiedens sukzessive zu erlernen. Das Ehepaar baute sein Winzerhaus allmählich zu einem Brauhaus um, in dem alle Schritte, vom Maischen bis zur Abfüllung, im Familienverband erledigt werden.

Im Mai 2016 ging das erste Selbstgebraute offiziell über den Tresen. Seither wird weitergetüftelt und experimentiert. Neben Hellem, Pilsener, Festbier und Weizen finden sich auch ein Red Ale, ein Pale Ale und ein India Pale Ale im Sortiment. Der Liebe des Ehepaars zu Irland entsprang ein kräftiges dunkles Stout.

Wenn das Brauhaus jeden zweiten Freitagnachmittag die Pforten öffnet, dann stehen Trauben von Menschen an der Bar und in der Kellergasse. Der Begriff Nanobrauerei, den Stefan Friesenbichler gern verwendet, charakterisiert das Familienunternehmen sehr gut. Die Ausschank befindet sich im Sudhaus, in dem anderntags gemaischt und gekocht wird.

Dass Bier und Wein eine perfekte Symbiose eingehen können, lässt sich daran erkennen, dass sich die ansässigen Winzer gern im Brauhaus blicken lassen. Ähnlich strenge Maßstäbe wie an den Wachauer Wein legen die Friesenbichlers auch an ihr Bier an, das alle zwei Wochen gebraut und unfiltriert abgefüllt wird.

Adresse Kellergasse 101, 3610 Wösendorf | **Anfahrt** B 3 bis Wösendorf, abzweigen auf Bachgasse, weiter in die Kellergasse | **Öffnungszeiten** Verkaufs- und Verkostungszeiten unter www.brauhaus-woesendorf.at | **Tipp** Der alten Weisheit »Bier auf Wein, das lass sein. Wein auf Bier, das rat' ich dir« folgend, können Sie nach der Bier-Verkostung noch eines der zahlreichen nahegelegenen Weingüter besuchen.

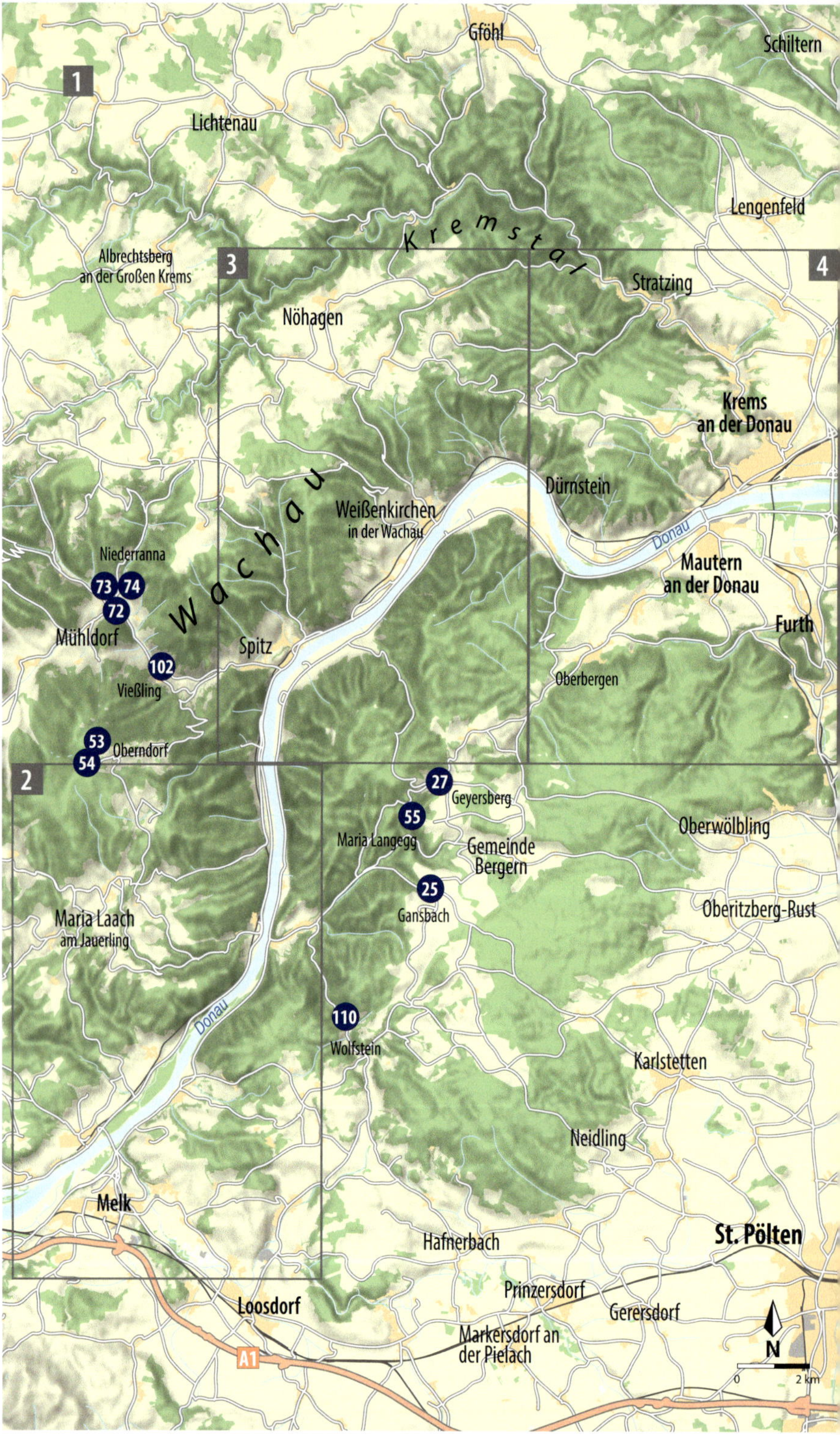
Gföhl
Schiltern
1
Lichtenau
Lengenfeld
Kremstal
Albrechtsberg an der Großen Krems
3
4
Stratzing
Nöhagen
Krems an der Donau
Dürnstein
Weißenkirchen in der Wachau
Wachau
Donau
Niederranna
73
74
72
Mautern an der Donau
Mühldorf
Spitz
Furth
102
Vießling
Oberbergen
53
54
Oberndorf
2
27
Geyersberg
55
Maria Langegg
Gemeinde Bergern
Oberwölbling
25
Gansbach
Oberitzberg-Rust
Maria Laach am Jauerling
110
Wolfstein
Karlstetten
Neidling
Melk
Hafnerbach
St. Pölten
Prinzersdorf
Loosdorf
Gerersdorf
Markersdorf an der Pielach
A1
N
0
2 km

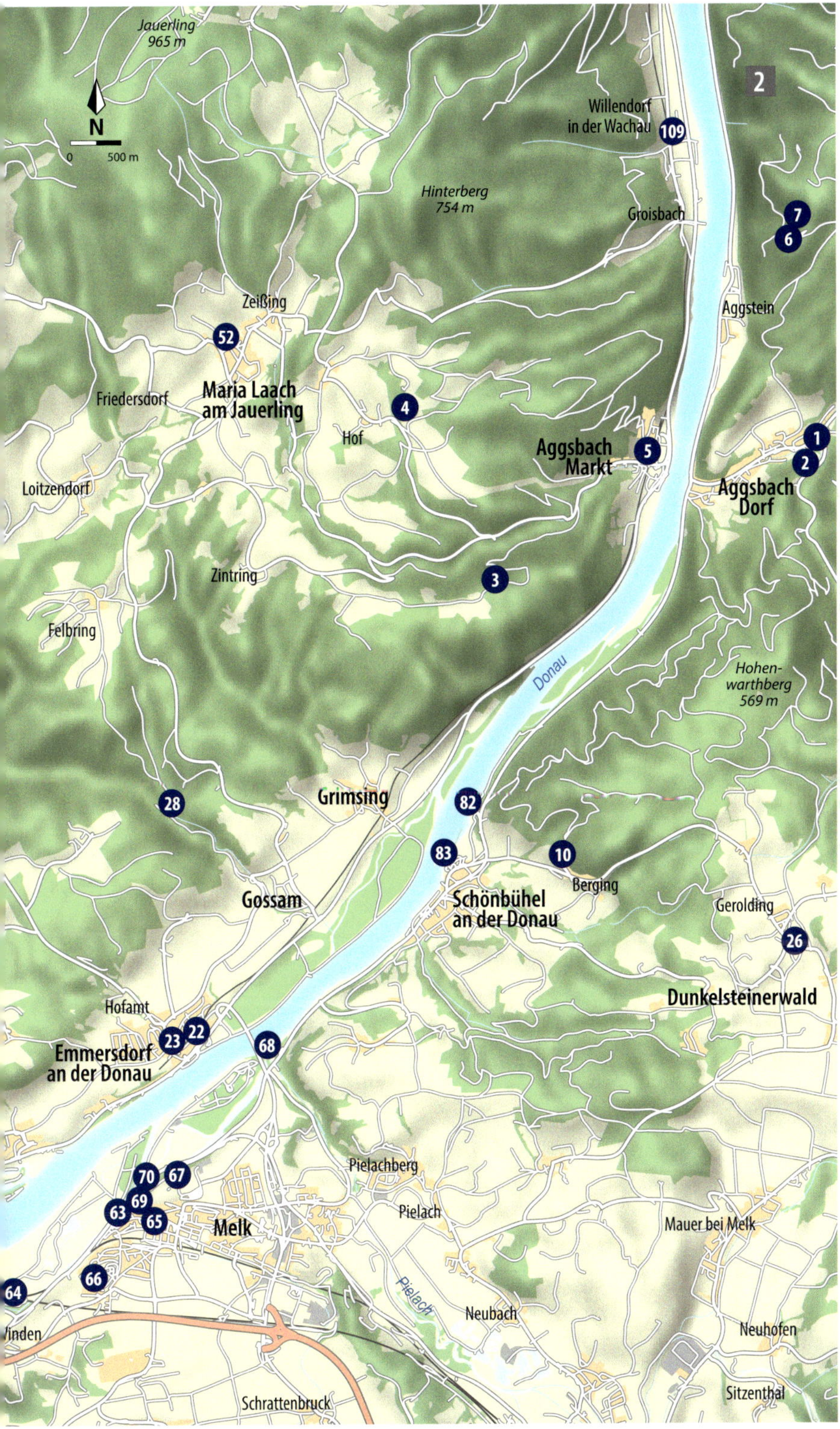
2
Jauerling
965 m
N
0
500 m
Willendorf
in der Wachau
109
Hinterberg
754 m
Groisbach
7
6
Aggstein
Zeißing
52
Maria Laach
am Jauerling
Friedersdorf
4
Hof
Aggsbach
Markt
5
1
2
Aggsbach
Dorf
Loitzendorf
Zintring
3
Felbring
Donau
Hohen-
warthberg
569 m
28
Grimsing
82
83
10
Berging
Gossam
Schönbühel
an der Donau
Gerolding
26
Dunkelsteinerwald
Hofamt
23
22
Emmersdorf
an der Donau
68
70
67
69
63
65
Melk
Pielachberg
Pielach
Mauer bei Melk
66
64
Pielach
Neubach
Winden
Neuhofen
Schrattenbruck
Sitzenthal

3
Nöhagen
Reichau
Ostra
Maigen
Stixendorf
Weinzierl am Walde
Lobendorf
21
Sandl 722 m
106
Habruck
Wachau
107
81
103
104
108
Rossatz
Rührsdorf
Weißenkirchen in der Wachau
105
98
97
St. Lorenz
31
Joching
33
111
Kienstock
32
Wösendorf in der Wachau
St. Michael
99
Donau
71
90
8
88
Bacharnsdorf
87
Spitz
89
Mitterarnsdorf
93
95
30
9
92
85
91
86
Hofarnsdorf
75
94
Oberarnsdorf
Mühlberg 725 m
Schenkenbrunn
Schwallenbach
84
96
St. Johann im Mauerthale

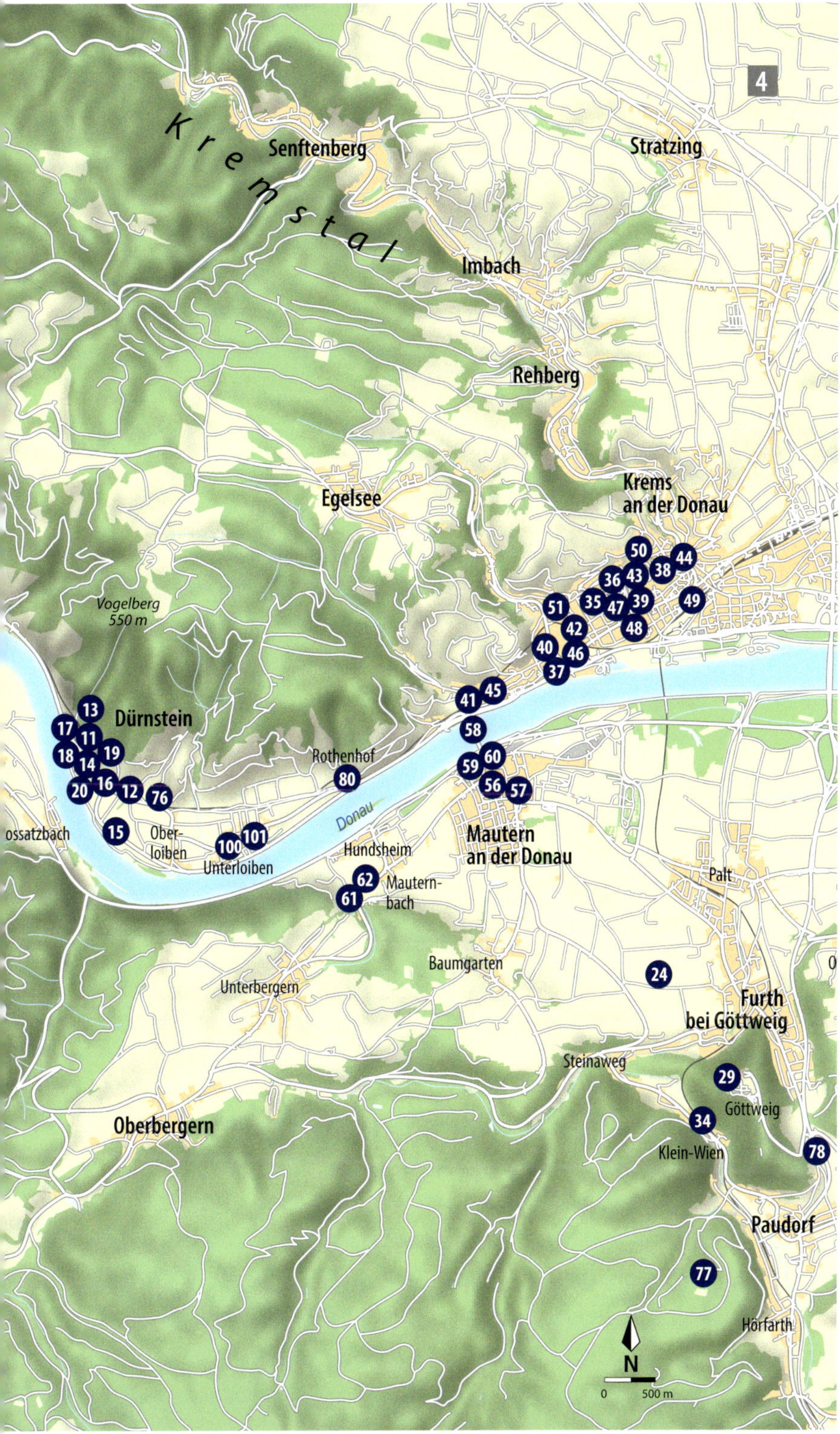
4
Kremstal
Senftenberg
Stratzing
Imbach
Rehberg
Egelsee
Krems
an der Donau
50
44
38
36
43
35
47
39
49
51
42
48
40
46
37
41
45
Vogelberg
550 m
13
Dürnstein
17
11
18
19
14
16
20
12
76
Rothenhof
80
58
60
59
56
57
ossatzbach
15
Ober-
loiben
100
101
Unterloiben
Donau
Hundsheim
Mautern
an der Donau
Palt
62
61
Mautern-
bach
Baumgarten
24
Unterbergern
Furth
bei Göttweig
Steinaweg
29
Göttweig
34
Klein-Wien
78
Oberbergern
Paudorf
77
Hörfarth
N
0
500 m

Erwin Uhrmann,
Johanna Uhrmann
111 Orte im Waldviertel, die man gesehen haben muss
ISBN 978-3-7408-1666-7

Sophie Reyer, Johanna Uhrmann
111 Wiener Orte und ihre Legenden
ISBN 978-3-7408-1533-2

Monika Schmitz
111 Orte im Lungau, die man gesehen haben muss
ISBN 978-3-7408-1788-6

Kristof Halasz
111 Orte in Vorarlberg, die man gesehen haben muss
ISBN 978-3-7408-2016-9

Robert Preis, Niki Schreinlechner
111 schaurige Orte in der Steiermark, die man gesehen haben muss
ISBN 978-3-7408-0445-9

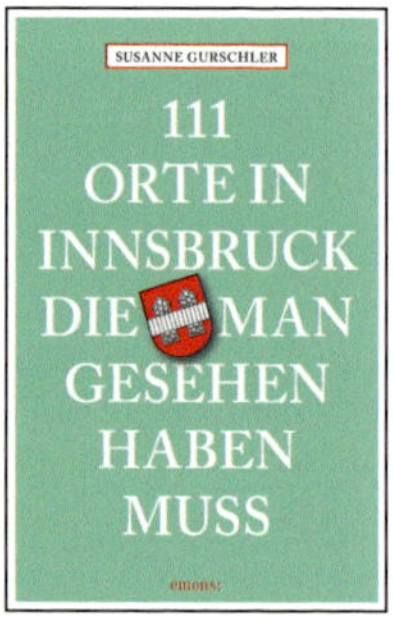

Susanne Gurschler
111 Orte in Innsbruck, die man gesehen haben muss
ISBN 978-3-7408-0343-8

Sabine M. Gruber
111 Orte der Musik in Wien, die man erlebt haben muss
ISBN 978-3-7408-1667-4

Ottmar Neuburger,
Lisa Graf-Riemann
111 Orte vom Wilden Kaiser bis zum Dachstein, die man gesehen haben muss
ISBN 978-3-7408-0138-0

Robert Preis, Verena Pöschl
111 Orte in der Steiermark, die man gesehen haben muss
ISBN 978-3-7408-2115-9

Gerald Polzer, Stefan Spath
111 Orte in Oberösterreich, die man gesehen haben muss
ISBN 978-3-95451-857-9

Susanne Gurschler
111 Orte in Tirol, die man gesehen haben muss
ISBN 978-3-7408-2030-5

Andrea Nagele,
Marion Assam, Martin Assam
111 Orte in Klagenfurt und am Wörthersee, die man gesehen haben muss
ISBN 978-3-7408-1093-1

Marion Rapp
111 Schätze der Natur rund um den Bodensee, die man gesehen haben muss
ISBN 978-3-95451-619-3

Gerald Polzer, Stefan Spath
111 Orte in Graz, die man gesehen haben muss
ISBN 978-3-95451-466-3

Gerd Wolfgang Sievers
111 Orte der Wiener Küche, die man erlebt haben muss
ISBN 978-3-95451-337-6

Walter M. Weiss
111 Orte im Salzkammergut, die man gesehen haben muss
ISBN 978-3-7408-1601-8

Gerd Wolfgang Sievers
111 Orte im Burgenland, die man gesehen haben muss
ISBN 978-3-95451-229-4

Dietlind Castor
111 Orte am Bodensee, die man gesehen haben muss
ISBN 978-3-7408-2232-3

Karl Haimel, Peter Eickhoff
111 Orte in Wien, die man gesehen haben muss
ISBN 978-3-7408-1975-0

Dorothee Fleischmann, Carolina Kalvelage
111 Orte in Budapest, die man gesehen haben muss
ISBN 978-3-7408-2325-2

Ranka Keser
111 Orte in Kroatien, die man gesehen haben muss
ISBN 978-3-7408-0557-9

Matěj Černý, Marie Peřinová
111 Orte in Prag, die man gesehen haben muss
ISBN 978-3-95451-927-9

Franz Hlavac, Gisela Hopfmüller
111 Orte in Friaul und Julisch Venetien, die man gesehen haben muss
ISBN 978-3-7408-0575-3

Benjamin Amiguet, Marc Voltenauer
111 Orte in den Waadtländer Alpen, die man gesehen haben muss
ISBN 978-3-7408-1466-3

Christine Hochreiter, Frank Klein
111 Orte in und um Passau, die man gesehen haben muss
ISBN 978-3-7408-0733-7

Julia Lorenzer, Fabian Marcher
111 Orte in Rosenheim und im Inntal, die man gesehen haben muss
ISBN 978-3-95451-735-0

Ottmar Neuburger, Lisa Graf-Riemann
111 Orte im Berchtesgadener Land, die man gesehen haben muss
ISBN 978-3-7408-1803-6

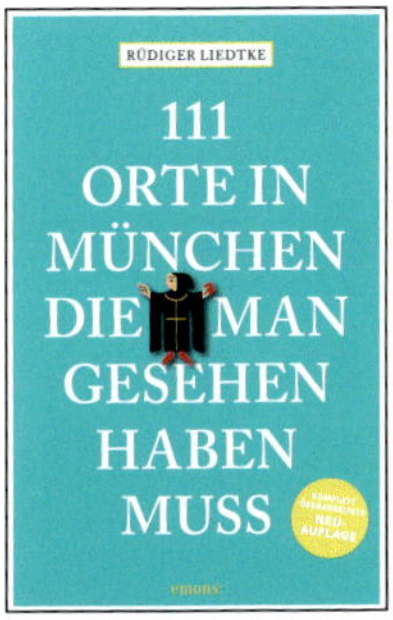

Rüdiger Liedtke
111 Orte in München, die man gesehen haben muss
ISBN 978-3-7408-2126-5

Rüdiger Liedtke
111 Orte in München, die man gesehen haben muss, Band 2
ISBN 978-3-7408-1514-1

Cornelia Ziegler
111 Orte rund um München, die man gesehen haben muss
ISBN 978-3-7408-0437-4

Rüdiger Liedtke
111 Orte in München, die Geschichte erzählen
ISBN 978-3-7408-2045-9

Astrid Süßmuth
111 Spukorte in und um München, die man gesehen haben muss
ISBN 978-3-7408-0336-0

Gregor Nagler
111 Orte in Augsburg, die man gesehen haben muss
ISBN 978-3-7408-1782-4

Bernadette Németh
111 Orte rund um den Neusiedler See,die man gesehen haben muss
ISBN 978-3-7408-2157-9

Franz Hlavac, Gisela Hopfmüller
111 Orte in Kärnten, die man gesehen haben muss
ISBN 978-3-7408-2203-3

Cornelia Lohs
111 Orte in Salzburg, die man gesehen haben muss
ISBN 978-3-7408-1221-8

Johanna Uhrmann ist in Niederösterreich geboren und aufgewachsen. Sie ist Grafikdesignerin, Fotografin und Kunsthistorikerin und lebt in Wien. Sie veröffentlichte unter anderem ein wissenschaftliches Buch über den Wiener Architekten Anton Valentin und gestaltet Kunstkataloge und Kunstbücher für Museen sowie Sachbücher und Zeitschriften. Sie liebt Architektur und reist gern.

Erwin Uhrmann ist in Niederösterreich geboren. Er ist Schriftsteller und lebt in Wien. In seinen Romanen, Erzählungen und Gedichten geht es um die Flucht aus dem Alltag und Brüche mit der Zivilisation. Er liebt es zu reisen und hält sich gerne in einsamen Gegenden auf.

2018 erschien ihr gemeinsames Buch »111 Orte im Waldviertel, die man gesehen haben muss«.